O Sacerdote de Umbanda

Mestre, Discípulo e Liderança

com nova capa

Alexandre Cumino

O Sacerdote de Umbanda

Mestre, Discípulo e Liderança

© 2022, Madras Editora Ltda.

Editor:
Wagner Veneziani Costa (*in memoriam*)

Produção e Capa:
Equipe Técnica Madras

Ilustração da capa:
Daniel Marques

Revisão:
Arlete Genari
Silvia Massimini Felix

Dados Internacionais de Catalogação na Publicação
(CIP)(Câmara Brasileira do Livro, SP, Brasil)

Cumino, Alexandre
O sacerdote de umbanda: mestre, discípulo e liderança/Alexandre Cumino. – São Paulo, SP: Madras, 2022.

ISBN 978-65-5620-046-0

1. Sacerdócio – Umbanda (Culto) 2. Umbanda (Culto) 3. Umbanda (Culto) – Rituais I. Título.

22-111936 CDD-299.672

Índices para catálogo sistemático:
1. Sacerdócio umbandista: Umbanda: Religiões afro-brasileiras 299.672
Eliete Marques da Silva – Bibliotecária – CRB-8/9380

É proibida a reprodução total ou parcial desta obra, de qualquer forma ou por qualquer meio eletrônico, mecânico, inclusive por meio de processos xerográficos, incluindo ainda o uso da internet, sem a permissão expressa da Madras Editora, na pessoa de seu editor (Lei nº 9.610, de 19/2/1998).

Todos os direitos desta edição reservados pela

MADRAS EDITORA LTDA.
Rua Paulo Gonçalves, 88 — Santana
CEP: 02403-020 — São Paulo/SP
Tel.: (11) 2281-5555 — (11) 98128-7754
www.madras.com.br

Dedicatória

Dedico este livro à memória de meu **Mestre Rubens Saraceni**, médium e sacerdote de Umbanda que, durante anos, trabalhou para elevar o nível da religião e se dedicou integralmente à missão de criar uma nova consciência dentro da religião. Entre os pontos que Rubens acreditava serem prioridades de se desenvolver e solidificar por meio do conhecimento e o estudo estavam a **DOUTRINA**, a **TEOLOGIA** e o **SACERDÓCIO** de Umbanda.

Por meio de farto material psicografado, ele idealizou os cursos livres de **Desenvolvimento Mediúnico**, **Teologia de Umbanda Sagrada** e **Sacerdócio de Umbanda Sagrada**. Posso dizer que tive a oportunidade e o privilégio de acompanhar tudo isso de muito perto e verificar o amor, cuidado e zelo que o Mestre tinha para tudo que fosse ligado à Umbanda. A formação sacerdotal era um de seus prazeres favoritos e realizações prediletas.

Em meio a essa formação está a crença de que é possível mudar toda a realidade de nossa religião quando houver quantidade e qualidade cada vez maior de sacerdotes bem preparados e instruídos. Sabemos que não basta conhecimento e formação, é preciso amor e missão; no entanto, apenas isso também não serve. O ideal é amor, missão, conhecimento e preparação para assumir o sacerdócio umbandista com dignidade, liderar com sabedoria e representar à altura do que queremos e merecemos como religião. **Tudo isso e muito mais eu aprendi com Pai Rubens Saraceni.** E agora repasso a quem queira aprender!

Também dedico este livro à memória de Pai Fernando Guimarães, dirigente espiritual do Terreiro do Pai Maneco (TPM),* o qual me recebeu e acolheu com o maior amor do mundo. Pai Fernado e seu trabalho são exemplo a todos nós.

---

* O TPM fica em Curitiba/PR e atualmente é dirigido pela querida Mãe Lucilia Guimarães, filha carnal de Pai Fernando.

UMBANDA É RELIGIÃO!
TERREIRO É TEMPLO![1]
DIRIGENTE ESPIRITUAL É SACERDOTE![2]

---

1. Aqui, Terreiro/Templo é sinônimo de Tenda, Núcleo, Centro, Tupã Oca, Abaçá, Ilê, etc.
2. O Dirigente Espiritual de Umbanda é quem cuida do Templo e dos médiuns/adeptos da religião. Ele é, portanto, um sacerdote e ministro religioso e pode ser conhecido como Pai de Santo, Mãe de Santo, Padrinho, Madrinha, Cacique, Comandante, Morubixaba, etc.

"Outros sacerdotes que estudam leis religiosas, que cursaram escolas especializadas e adquiriram grau hierárquico perante a sociedade civil e religiosa, não compreendem como pessoas com pouca escolaridade, que trabalham duro o dia todo ganhando seu abençoado pão, podem, após um banho de descarga, ser portadoras de um espírito de luz."

Rubens Saraceni[3]

---

3. *Umbanda Sagrada: Religião, Ciência, Magia e Mistérios*. Madras Editora, 2001, p. 150.

Índice

Apresentação 13
Prefácio 15
Prólogo 17
O que é Sacerdócio? 21
Origens do Sacerdócio 27
A Imagem do Sacerdote e o Sacerdócio Umbandista 30
Pai de Santo, Dirigente Espiritual ou Sacerdote? 35
O Peso da Palavra "Sacerdote" 37
Quem é o Sacerdote de Umbanda? 40
Como se Prepara um Sacerdote de Umbanda? 46
Modelo de Juramento do Sacerdote de Umbanda 51
Qual é a Missão do Sacerdote de Umbanda? 53
Sacerdócio e Liderança Umbandista 57
Sacerdote e Mestre Espiritual 62
A relação entre Sacerdote-Médium 68
O Mestre Embriagado 72
O "Mau Sacerdote" ou o "Falso Mestre"! 75
Experiência Sacerdotal com o Ego 80
O Bater Cabeça: Por quê, Para Quem, Como, Quando e Onde? ... 85
Profundidade Ritualística Umbandista 91
Hieraquia, Poder e Mistério na Umbanda 94

Umbanda no Lar..98
Culto Familiar e Informal ou Templo
e Personalidade Jurídica?..102
Legalização..105
    O que é Legalizar o Templo?...106
Qual o Nome do Seu Terreiro..110
Formação Sacerdotal Umbandista...112
O que é o Curso de Sacerdócio Umbamdista?...................................116
Por que Fazer um "Curso de Sacerdócio
Umbandista"?..122
Textos Anexos...125
Zélio de Moraes e o Sacerdócio de Umbanda...................................127
O Sacerdote de Umbanda e o Sacerdócio
Umbandista...133
Sacerdócio Umbandista – Verdades e Confusões..............................137
Sacerdote/Sacerdotisa Legalmente Constituídos
Como Fazer?...143
Cursos Sobre Umbanda: Válidos ou Não?..147
Legalização dos Templos de Umbanda...151

Apresentação

"Deus não escolhe os capacitados, capacita os escolhidos. Fazer ou não fazer algo só depende de nossa vontade e perseverança."
Albert Einstein

A cada dia que passa, o umbandista necessita aprender e rever seus conceitos quanto à religião que professa. Infelizmente, muitos pensam e falam que livros e cursos não formam ninguém, mas sabemos perfeitamente que eles ampliam a visão e trazem conhecimento e conteúdo. E isso é o que se leva para a vida toda.

O sacerdote de Umbanda é um formador de opinião e deve capacitar-se para assumir as responsabilidades que virão no decorrer de seu sacerdócio. É necessário formar-se e informar-se, permanentemente, inclusive para formar outros sacerdotes. Lembrando-se de que ninguém pode dar aquilo que não tem.

É obrigação diária do sacerdote ser consciente de suas responsabilidades, deveres e obrigações espirituais, uma vez que filhos espirituais sempre chegarão às suas mãos e será necessário capacitá-los, fortalecê-los e assisti-los em suas trajetórias espirituais, ajudando-os inclusive a compreender seu caminho.

O livro que Alexandre Cumino ora nos apresenta constitui uma valiosa contribuição para o umbandista. Trata-se de uma coleção de textos didáticos e artigos, contemplados com publicações que sintetizam diversos temas, os quais falam muito do que dissemos anteriormente e que foram preparados para auxiliar os sacerdotes em suas missões.

Um livro de recursos que poderá ser consultado a qualquer hora. O leitor poderá dedicar-se mais aos temas que lhe forem mais úteis para o dia a dia no sacerdócio, facilitando, assim, o cumprimento de seu papel no desenvolvimento do aprendizado e a preparação para, posteriormente, ensinar o sacerdócio aos que virão. Assim, estarão mais capacitados às novas demandas da atuação sacerdotal e à missão de bem conduzir esses irmãos aos caminhos adequados, comprometidos com a vida, com o outro e principalmente com a religião.

Agradeço o honroso convite do meu irmão e amigo Alexandre Cumino para fazer a apresentação deste livro, desejando-lhe o maior sucesso.

A todos, boa leitura!

Sandra Santos
Presidente da AUEESP – Associação Umbandista
e Espiritualista do Estado de São Paulo

Prefácio

Começando pelo fim... Nas páginas 127 a 132 desta importante obra literária umbandista, Alexandre Cumino *reconta* uma entrevista minha para a edição nº 15 – já no ano 9 – do *Jornal de Umbanda Sagrada* (da qual confesso já não me lembrava), quando revelei algumas das maiores dificuldades vividas no início de minha jornada junto ao Pai da Umbanda, Zélio Fernandino de Moraes. Eu havia criado o primeiro curso sacerdotal de Umbanda, que recebeu total aprovação de *Papai* Zélio (tendo, inclusive, ouvido dele algum tempo depois: "Viu como não me enganei ao dizer-lhe que seria o homem a tornar conhecido meu trabalho?").

Hoje, Cumino conta a vocês muito além dessa entrevista. Com rara simplicidade, ele torna possível ao leitor um passeio calmo e tranquilo pelo caminho das letras que esta obra lhes proporciona; vivenciar por antecedência tudo o que é necessário, além de tudo que se espera de um bom sacerdote umbandista; cita exemplos, faz comparações e informa de maneira clara e precisa. É um mestre na difícil arte de transmitir conhecimentos.

Você, leitor amigo, encontrará na leitura desta obra tudo o que o verdadeiro sacerdote umbandista precisa saber e fazer a seus filhos de fé e quantos se socorram de seus dons mediúnicos.

A Umbanda, graças aos cursos de divulgação religiosa umbandista, ao esforço de dirigentes de organizações federativas e, principalmente, graças à tenacidade de seus inúmeros seguidores (médiuns, auxiliares, sacerdotes), conquistou nessa última década um *status* diferenciado de antigamente, vencendo o preconceito e superando barreiras: conseguimos que a Câmara Municipal de São Paulo – a maior cidade do país – oficializasse o DIA DA UMBANDA. A partir daí, muitas outras municipalidades o fizeram, até mesmo em nível federal, pois Câmara e Senado aprovaram o DIA DA UMBANDA, posteriormente sancionado pela Presidente da República, Dilma Roussef. Além desses órgãos governamentais (não nos esquecendo de que o Governo Brasileiro é "laico" – não religioso), no dia 25 de janeiro de 2012 estive presente em um encontro ecumênico realizado na Catedral Metropolitana de São Paulo (a Catedral da Sé) atendendo ao pedido de Dom Odilo Scherer, o Cardeal Arcebispo de São Paulo (quase eleito Papa), para que participássemos de importante solenidade. Subir as escadarias da catedral vestido de branco, com a toalha de médium em torno do pescoço, trazendo em meu peito algumas das principais guias e ser recebido com um fraterno abraço por Dom Ivo Lorscheiter ouvindo as palavras: "Obrigado por sua presença, Pai Ronaldo", foi para mim uma verdadeira glória, o reconhecimento de uma conquista, porque naquele instante não era o *Pai Ronaldo*, mas sim a Umbanda quem recebia esse reconhecimento da milenar Igreja Católica Apostólica Romana, como uma religião DE FATO E DE DIREITO!

Por isso ressalto que o presente livro *O Sacerdote de Umbanda*, escrito de forma séria, madura e objetiva, é a obra que faltava no momento; sem ser pesada, entediante ou cansativa, ela oferece ao novo sacerdote os elementos essenciais para a nova vida que inicia.

O Sacerdote de Umbanda, mais que uma boa e grande obra literária umbandista, é uma obra que já há muito tempo se fazia necessária.

Parabéns, Alexandre Cumino, parabéns irmãos umbandistas! Mas, antes de terminar, desejo lembrar que Cumino é filho de fé e fiel seguidor do MEU FILHO DE FÉ RUBENS SARACENI e, se o *filho* é sempre a dedicação, a preocupação e o trabalho, o *neto* é sempre o prêmio. Assim sendo, desejo a meu *neto* em Oxalá, Alexandre Cumino, que nos premie com outras obras similares.

Pai Ronaldo Antonio Linares
Irmão-presidente da F.U.G. "ABC" (Federação Umbandista do Grande ABC)
Mantenedora do SANTUÁRIO NACIONAL DA UMBANDA

Prólogo

Pai de santo, padrinho, comandante, cacique, chefe de terreiro e seus sinônimos no feminino são termos cunhados para definir o sacerdote na Umbanda, aquele que lidera a comunidade religiosa na comunhão com o sagrado, nesse caso, com o complexo panteão que compõe o "céu" umbandista, tais como Deus, Orixás, Guias Espirituais, etc.

Mas, o que torna um indivíduo sacerdote na Umbanda? Qual estudo esse indivíduo precisa ter? Quem o ordena como tal? Quem e como se decide tal graduação na Umbanda? Um outro sacerdote? Uma entidade? Ou uma vontade pessoal? Existe um método para tal? Um padrão? Enfim, são tantas dúvidas que pairam sobre o assunto e tão pouco consenso, que vivemos em nosso seio religioso conflitos insolúveis...

A grande maioria das religiões organizadas e institucionalizadas estabeleceu um caminho muito bem orquestrado para que o candidato ao sacerdócio possa seguir, a fim de alcançar tal graduação.

Já na Umbanda, uma religião moderna em pleno século XXI, apresenta-se revolucionária por evocar em suas diretrizes mais íntimas, e em particular nesse tema, um procedimento comum às suas origens mais primitivas, no sentido de primeiras.

Isso significa que, respondendo às questões iniciais, na Umbanda não existe uma regra muito clara sobre quando, como e o que determina um médium vir a ser "de um dia para o outro" um sacerdote. Ou seja, na prática, acontece um chamado, o indivíduo sente isso, as circunstâncias do cotidiano religioso o levam a assumir um trabalho espiritual na ponta de liderança, e muitos outros eventos e fatores podem determinar a decisão de um médium assumir para si a função de sacerdote, normalmente em nome de uma missão, embora esse conceito de missão para mim seja demasiadamente poético, mas ainda assim é funcional.

Nossa história, em seu primeiro ato, já determina algo do tipo; como é de nosso conhecimento, Zélio de Moraes, aos 17 anos (um adolescente), incorporado, decreta que fundaria uma religião, a Umbanda; logo, ele vem a ser o primeiro sacerdote da religião.

O fato é, que um século depois, de forma geral, não é muito diferente o modo como se constituíram tantos milhares de sacerdotes: simplesmente um dia um guia incorporado ou não determina ao seu médium que "abra uma casa", e isso basta. Então o médium, fiel e devotado de seus guias, que ama sua religião, sente-se lisonjeado e por amor e muita bondade caritativa assume tal responsabilidade, dando imediatamente início ao determinado pelo "céu". Voltamos novamente ao poderoso conceito da missão, do ser especial para o astral, e lá vai mais um sacerdote iniciar mais um terreiro de Umbanda.

Muitos tiveram sucesso na empreitada, entretanto isso não retrata a realidade da maioria, basta observar a atual situação sociopolítica em que a religião se encontra. De modo geral, a grande maioria dos sacerdotes na Umbanda restringe sua atenção somente para a atuação espiritual, com o desenvolvimento mediúnico e a rotina de atendimento aos consulentes, sem se dar conta das outras dimensões de responsabilidades que cabem a um sacerdote de uma comunidade.

Por isso, e muito naturalmente, em um dado momento surge a necessidade de olhar mais criteriosamente para essa questão, e assim foram surgindo cursos de formação sacerdotal na Umbanda, que, independentemente de suas particularidades, visam a estruturar metodologicamente e com conhecimento de causa o futuro sacerdotal da religião, e vale reiterar, isso é comum na maioria das religiões.

Estamos caminhando para a construção de um futuro mais sólido, de alicerces seguros e pilares fortes para a Umbanda. Nas últimas duas décadas, muito tem sido produzido em termos de literatura e formatações de estudos da religião; muito se deve à obra de Pai Rubens Saraceni, mestre e sacerdote de Umbanda, e este livro abre um novo precedente na estante bibliográfica da religião. Pois é, procure quantos livros consistentes sobre esse tema específico temos e se surpreenderá por não encontrar nada antes deste.

Pai Alexandre Cumino, que também tem uma história comum à maioria de nós, que um dia assumiu por inspiração um trabalho espiritual, traz à luz este importante livro que provoca, reflete e impulsiona a atuação daquele que é ou virá a ser um sacerdote na Umbanda. E isso é fruto do desassossego, da curiosidade, do empenho de alguém que não aceitou para si apenas uma missão sem maiores percepções, que vai fundo em sua busca por resposta, que viveu o processo de formação com seu Mestre e Pai Espiritual e que, acima de tudo, vive devotadamente seu sacerdócio.

Silencie, pare tudo e mergulhe; seja bem-vindo à Umbanda dos próximos séculos!

Oxalá nos ilumine e abençoe nossa Umbanda!

Pai Rodrigo Queiroz
Diretor da Umbanda EAD
www.umbandaead.com.br

O que é Sacerdócio?

"O sacerdócio, em qualquer religião, transcende o senso comum sobre religiosidade e caracteriza quem o exerce como uma pessoa especial. Precisamos entender essa característica inerente ao sacerdócio, senão a vaidade e a soberba acabam se sobrepondo à bondade e à misericórdia, estas sim, as verdadeiras características de um sacerdote."
Rubens Saraceni[4]

Sacerdócio é a prática do sacerdote. A palavra tem origem no latim (*sacer + dote*) e quer dizer aquele que tem o dote do sagrado, aquele que cuida do sagrado dentro de uma comunidade. Embora a palavra tenha origem no latim, seu significado é algo presente em muitas culturas, de formas diversas.

Em todas as sociedades humanas encontraremos comunidades religiosas, desde as comunidades arcaicas e tribais até as comunidades mais organizadas, urbanas e contemporâneas. Ao surgir o *Homo sapiens* na face da terra, com ele aparece o culto, a relação de transcendência e os rituais individuais e coletivos. Por isso esse *Homo sapiens* é considerado também *Homo religiosus*. Onde há sociedade humana, há culto e há um grupo em torno desse culto, que é organizado e conduzido por um líder, um ministro religioso, que é a figura do sacerdote.

Podemos considerar dois tipos de sacerdócio:

- **Sacerdócio natural**, vertical, informal e espontâneo.
- **Sacerdócio hierárquico**, horizontal, formal e organizado.

---
4. Rubens Saraceni. *Fundamentos Doutrinários de Umbanda.* Madras Editora, 2012, p. 95.

O sacerdócio natural se dá nas sociedades menos urbanas, menos organizadas, menos hierarquizadas. Em sociedades antigas e primitivas, no sentido de primeiras, e não no pejorativo. É comum encontrá-lo nas tribos indígenas, africanas, siberianas, australianas e outras culturas nativas. É a figura do xamã, quando este assume a condução de um grupo, orientando, liderando, iniciando, curando e apresentando o sagrado, o divino, sua doutrina e rituais. Nas tribos indígenas brasileiras, é a figura do pajé.

O sacerdócio hierárquico costuma se estabelecer em sociedades mais urbanas e menos tribais. Em sociedades mais organizadas e hierarquizadas. É comum estar associado a uma tradição e instituições que se estabelecem em Templos de estrutura rígida e fixa, onde se realizam os cultos e rituais. Dessa forma, o sacerdote é também quem cuida e zela pelo Templo. Além de todas as suas responsabilidades internas na religião, como cuidar, iniciar, realizar rituais (batismo, casamento, ato fúnebre), doutrinar, orientar e conduzir, o sacerdote é também um líder religioso.

Sacerdote, médium, xamã, mago, feiticeiro e bruxo

"Conheças todas as teorias, domine todas as técnicas, mas, ao tocar uma alma humana, seja apenas outra alma humana."
C. G. Jung

O sacerdote se diferencia de um xamã, feiticeiro, bruxo ou do mago pelo fato de que ser sacerdote implica conduzir uma comunidade. Um sacerdote pode ser apenas um oficiante conduzindo a comunidade, um ministro religioso, um "pastor(a)", um "pai/mãe" espiritual e pode ser também médium, xamã, mago ou feiticeiro, conduzindo uma comunidade. Nem todo xamã, médium, mago e feiticeiro é sacerdote; no entanto, dependendo da cultura e da tradição, esses perfis, práticas e ofícios podem se somar ou não.

Para que não fiquem dúvidas, vamos definir melhor essa questão antes de prosseguir nosso estudo:

Sacerdote é, acima de tudo, o representante de uma religião, ministro, oficiante, dirigente, líder e representante, considerado uma ponte entre os adeptos e Deus. Por isso, o sacerdote também é chamado de pontífice, aquele que constrói a ponte entre a comunidade e Deus. O que marca a postura do sacerdote é a devoção e o servir, o sacerdote é um servo do sagrado, é alguém que está à disposição de uma vontade maior. Quando nós pedimos algo a algum sacerdote, sua atitude é de quem vai pedir a Deus por você, de quem vai orar, rezar e interceder em humildade e reverência perante o divino e o sagrado.

Médium é o intermediário entre essa realidade e as outras realidades. Pelo fato de a palavra ser criada e definida por Allan Kardec, no Espiritismo, para muitos o médium é apenas o comunicante entre encarnados e desencarnados (espíritos). No entanto, o médium vai muito além de apenas se comunicar com espíritos, ele pode adentrar outras realidades e trazer experiências diversas para a nossa realidade, assim como dar comunicação com seres de outras dimensões além dos espíritos. Aqui entram as comunicações e manifestações mediúnicas de Umbanda com os Orixás, por exemplo.

Xamã é uma pessoa que usa técnicas de transe e êxtase religioso, ou desdobramento, sair do corpo para encontrar respostas. A palavra xamã vem da antiga cultura siberiana e é usada para identificar os líderes de comunidades que atuam como curadores e intermediários do além nas diversas sociedades mais primitivas (primeiras). O xamã é principalmente um homem que lida com o sagrado dentro de certa tradição. Eles se destacam nas culturas aborígenes de todo o globo e são muito presentes quando o assunto é o sagrado relacionado à terra e à natureza. Os pajés das diversas tribos brasileiras são xamãs e podem ser considerados também médiuns, sacerdotes, feiticeiros, bruxos ou magos, dependendo de sua forma de atuar.

Muitas vezes a prática do xamã é o que se define por mediunidade.

Mago é todo aquele que pratica magia, que se define como uma ciência sagrada ou arte real. Muitas vezes se confunde magia com mágica, o que são coisas distintas e diferentes. A mágica é feita para impressionar e a magia é feita para trabalhar, manipular ou intervir em forças naturais que estão além do mundo material e palpável. Isso pode ser feito por intermédio ou auxílio ou não de seres, espíritos, entidades ou divindades. O mago tem um posicionamento ativo e nem sempre a sua postura é de servo, o que o diferencia de um sacerdote, que não seja também um mago. O mago é aquele que detém uma ciência, um conhecimento, então ele é elemento ativo dentro da sua própria prática.

Fazer magia é manipular forças e poderes entre tantas outras definições, e praticar o sacerdócio é servir, pedir, ajoelhar, rezar, entregar-se e esperar.

Atuar em magia é ter uma atitude prática de ir ao encontro do que se quer por meio da ciência, de uma produção, de uma construção, de colocar em movimento certas forças para alcançar um objetivo, e algo muito similar é a prática do feiticeiro ou da feitiçaria.

Qual seria a diferença entre magia e feitiçaria do mago para o feiticeiro?

Feiticeiro é quem trabalha com receitas e fórmulas.

Mas o mago também não possui receitas e fórmulas?

Exatamente. A diferença é que o mago ou aquele que pratica a magia conhece a ciência dessas receitas, ele cria novas receitas, interage por meio de seu saber. O feiticeiro executa receitas como um técnico que avalia o que pode ou não realizar, limitado pela falta de uma engenharia mais profunda que lhe explique a origem e base de toda essa ciência. Eu costumo dar um exemplo, no qual o feiticeiro está para alguém que tem uma grande quantidade de receitas de bolo assim como o mago está para um confeiteiro. Mesmo que o primeiro tenha bolos para todas as ocasiões, ele não compreende as próprias receitas com a profundidade do confeiteiro, que estudou a fundo cada um dos ingredientes e elementos nutricionais.

Para muitos, o feitiço é a palavra proferida com poder de realização e, assim, somos todos feiticeiros quando tomamos conhecimento do poder que tem a palavra. Fórmulas mágicas e grimórios de feitiçaria se assemelham muito a orações; no entanto, magos e feiticeiros determinam mudanças e realizações, enquanto religiosos esperam e se resignam diante de sua doutrina e o que ela tem a dizer sobre destino, resignação e merecimento.

Bruxo é aquele que pratica bruxaria, palavra que se tornou pejorativa por causa da perseguição implacável da Igreja Católica contra as bruxas e bruxos nas fogueiras da Inquisição. Os mais perseguidos eram os magos, feiticeiros e sacerdotes que praticavam as antigas religiões, agora chamadas de pagãs. Pagão era o homem que vivia sua religiosidade fora da Igreja. A palavra quer dizer "do campo", ou seja, aquele que crê nas forças da natureza as quais reverencia em campo aberto. Um exemplo de antiga religião na Europa é a de cultura celta, na qual havia sacerdócio, magia e feitiçaria. No entanto, uma simples benzedeira já era considerada uma bruxa. Os juízes da "Santa Igreja" se pautavam por um livro chamado *Martelo das Bruxas* e, segundo esse livro, bastava algo como uma verruga no nariz para se crer como marca do Diabo e de bruxaria. A palavra bruxaria, em seu sentido pejorativo, tornou-se genérica; no entanto, no século passado, surgiu na Europa, e também muito forte nos Estados Unidos, a Neobruxaria e também aquilo que é chamado de Wica.

Wica é um reviver, um reciclar ou um resgatar, principalmente a cultura celta, na qual se valoriza a figura da bruxa ou do bruxo, como positivo, do bem e para o bem.

A Umbanda é uma religião extraordinária e muito peculiar porque, em maior ou menor grau, nós encontramos na Umbanda: mediunidade, xamanismo, sacerdócio, magia, feitiçaria e bruxaria (do bem, claro). O trabalho de Umbanda é realizado com médiuns incorporados, então sempre em um trabalho de Umbanda vamos encontrar a figura do médium mais a figura da entidade que está incorporada, e essa entidade pode ser de um espírito que foi ou que usa recursos de xamã, mago, feiticeiro ou bruxo.

Podemos dizer, por exemplo, que há Caboclos que foram pajés e praticam uma forma de xamanismo. Caboclo e todas as outras entidades fazem magia quando dão seu ponto riscado e identificam uma ciência para explicar o que é e o que realiza aquele ponto riscado.

A manipulação de ervas na Umbanda, chás, banhos e defumação é uma forma de feitiçaria moderna muito utilizada, assim como as diversas receitas que se aprende no dia a dia de um Templo de Umbanda.

Poderíamos nos estender nesse assunto que não tem fim e muito agrada aos estudantes mais sinceros de Umbanda. No entanto, estas poucas linhas servem apenas para se ter ideia do que é o sacerdote, médium, xamã, mago, feiticeiro ou bruxo e ainda ter certeza de que **a Umbanda é uma religião mediúnica, mágica, natural e xamânica**.

Origens do Sacerdócio

*"Não sabeis que sois o templo de Deus,
E que o Espírito de Deus habita em vós?"*
I Cor 3.16

Se vamos estudar o sacerdócio em geral e o sacerdócio em específico na Umbanda, é importante entender a origem do sacerdócio.

Chamamos de sacerdócio organizado aquele que compreende uma estrutura de instituição, uma hierarquia organizada e uma tradição sacerdotal dentro de um sistema religioso rígido. O que temos de mais próximo em nossa cultura de um sacerdócio organizado é o sacerdócio católico. O que chamamos de sacerdócio natural diz respeito às formas de sacerdócio tribal, nativo e xamânico; o que temos de mais próximo em nossa cultura é o sacerdócio indígena e o sacerdócio africano. O sacerdócio umbandista traz características dessas duas formas de sacerdócio.

A origem do sacerdócio natural está em todas as expressões de xamanismo e se espalha por todas as culturas do globo com semelhanças e características muito similares. A origem desse sacerdócio se confunde com a origem de nossa espécie. Desde que o *Homo* se tornou *Homo sapiens* ele também se tornou *Homo religiosus* e, desde então, nos diversos grupos surgiram aqueles que tinham mais aptidões para lidar com as questões transcendentes que logo se tornaram questões sagradas. Suas práticas se confundem e se misturam com as práticas mágicas, o que é normal e natural, levando-se em consideração que as grandes religiões nascem de práticas místicas, xamânicas, mediúnicas e mágicas. Portanto, a origem desse sacerdócio natural é pré-histórica e sua prática é considerada a prática religiosa viva mais antiga em nossa cultura universal. Podemos dividir, classificar e estudar as mais diversas culturas religiosas e sacerdotais naturais e nativas distribuídas pelas diferentes regiões e etnias pelo globo; no entanto, esse não é nosso objetivo aqui, mas é sem dúvida o grande objetivo da antropologia da religião.

Quanto ao sacerdócio organizado e hierárquico, pode ser estudado facilmente e comparado para observar suas semelhanças, características fortes e origens diversas. O que predomina no mundo ocidental, como origem dessa estrutura sacerdotal hierárquica, é o Sacerdócio de raiz Judaica e o Sacerdócio Católico. O Islã não aceita "intermediários" ou "ponte" entre Alá e os muçulmanos, portanto, não há ritual de investidura sacerdotal nem um sacerdócio oficial. Há, sim, líderes e representantes do Islã, como um sheik, que atuam socialmente da mesma forma que os sacerdotes das outras religiões, mas não têm um oficio sacerdotal ritualístico em templo. O que evidencia essa questão para o Islã é o fato de que as mesquitas são "casas de oração" e nada além disso. Se você for a uma mesquita, pode se surpreender ao ver que ali não tem nada de objetos, muito menos altar ou imagens. Na mesquita, os muçulmanos se reúnem com o objetivo de orar juntos, congregados, o que é feito cinco vezes por dia voltado para a direção de Meca, que é o ponto de força e santuário único do Islã. Todo muçulmano, se tiver condição, deve viajar uma vez na vida no mínimo até a Meca, onde está a pedra preta e sagrada da Caaba. Ali o muçulmano dá sete voltas em sentido anti-horário (para se lembrar que ali o tempo não tem valor) em torno do centro e eixo de sua fé, a Caaba.

Hoje no Judaísmo também não se faz mais a investidura sacerdotal pelo fato de que os sacerdotes judeus eram os responsáveis pela manutenção do Templo de Jerusalém. Como o templo não existe mais, não há sacerdócio e sim a liderança exercida pelos rabinos que, assim como os sheiks, atuam socialmente com o mesmo respeito que é dedicado a um sacerdote. A sinagoga também não é um templo e sim uma casa de estudo e oração, ali também não há um altar. No entanto na Torá, que é o livro sagrado do Judaísmo, presente no Velho Testamento como Pentateuco, é possível ler sobre a investidura sacerdotal que Moisés passa para Aarão, seu irmão, e que deve se suceder por seus descendentes, os filhos da Tribo de Levi. Ali está descrito o ritual de posse sacerdotal, ditado por Deus a Moisés.

No Catolicismo, segue-se uma tradição romana, com estrutura e forma romana. Para tanto, podemos nos lembrar de que Jesus não era sacerdote no Judaísmo, e sim judeu, um rabi, um mestre espiritual, e que ele vinha de uma cultura religiosa de uma linhagem popular, que inclusive ia contra a ortodoxia judaica, o que fica bem claro em suas falas como: "o homem não foi feito para o sábado e sim o sábado para o homem, mais vale o que sai do que o que entra pela boca", e lembrando ainda o episódio em que evitou o apedrejamento de uma adúltera que é o que mandava a lei judaica. Jesus não poderia ser sacerdote justamente por ser da Tribo de Judá, por isso ele é considerado o Leão de Judá. No entanto, a Igreja Apostólica Católica Romana criou seu próprio sacerdócio que remonta hierarquicamente a Pedro, como pedra angular dessa hierarquia. Jesus é reconhecido como sacerdote, mas não da tradição ortodoxa judaica, e sim da linhagem de Melquisedec. Pelo fato de abolir o sacrifício animal a partir de Jesus, ele se insere no contexto do sacerdócio não cruento, o qual a Bíblia mostra na figura do rei e sacerdote Melquisedec. E assim foi criado o fundamento do sacerdócio cristão, em que é preciso três bispos para dar investidura sacerdotal a um futuro e legítimo padre romano.

Em outras tradições, inclusive mais antigas como o Hinduísmo, o sacerdócio acontece em meio a uma casta sacerdotal: os brâmanes; logo, só serão sacerdotes aqueles que fazem parte dessa casta. E como há seguimentos diversos dentro do Hinduísmo, também é variado o preparo sacerdotal.

No Budismo, em sua originalidade Buda, Sidharta Gautama, não institui um sacerdócio, ele mesmo era da casta dos guerreiros, shatrias, não poderia ser um sacerdote brâmane. No Budismo não há reverência nem adoração a um Deus ou força superior que o seja, o que vale para muitos considerar o Budismo como um ateísmo religioso. No entanto, existem muitos budismos diferentes e, em muitos deles, há os monges, que passam por toda uma estrutura de preparação e que atuam como líderes da mesma forma que um sacerdote e são respeitados como tal.

Poderíamos nos estender em sacerdócio egípcio, maia, asteca, celta e outros, mas creio que basta dizer que em todas as culturas existe o que chamamos de religião das formas mais variadas e, em todas elas, existe o que identificamos como sacerdócio ou como uma liderança religiosa à frente de uma comunidade. Isso por si só ja demonstra a importância do preparo e da liderança sacerdotal.

A Imagem do Sacerdote e o Sacerdócio Umbandista

"Um sacerdote precisa ter como sua guia íntima o bom senso, a humildade e o humanismo, se quiser ser "de fato" um intermediador entre os homens e a Divindade. Sem essa guia íntima, dificilmente o exercício do sacerdócio torna-se uma profissão de fé e reduz-se unicamente a mais uma ocupação."
Rubens Saraceni[5]

A maioria das pessoas, quando ouve falar de "sacerdote", já associa à imagem de um sacerdote católico, associa a palavra "sacerdote" à imagem que tem em sua mente de como deve ser o sacerdote. Essa imagem geralmente costuma ser de uma pessoa extremamente moralista, fechada, séria, que não sorri, não bebe, não fuma, não beija na boca, não faz e não gosta de sexo. Alguém extremamente austero, duro, recalcado e totalmente privado de sentir prazer, alguém que não se permite sentir prazer por coisas consideradas mundanas, alguém que só pode ter prazeres religiosos e espirituais. A imagem do sacerdote é a imagem de alguém que está acima dos demais mortais, a imagem de um santo encarnado ou de um hipócrita. Essa é uma imagem comum e muito pesada, é a imagem que muitos têm de um padre, de um bispo, de um cardeal ou de um papa. A imagem do religioso é a imagem do que se

---
5. Rubens Saraceni. *Fundamentos Doutrinários de Umbanda.* Madras Editora, 2012, p. 95.

chamava "carolas", fanáticos e bitolados, e a imagem do sacerdote é a de quem está sempre cobrando dos outros o seu comportamento segundo um modelo de moral e pecado. O sacerdote é quem cobra na Terra os seus pecados, é alguém que não pode se misturar, não pode ter nenhum vício, pois ele está aqui para apontar os seus vícios. O sacerdote não pode fazer nada de errado, pois está aqui para apontar os seus erros. O sacerdote não pode se dar aos desfrutes pois está aqui para apontar o seu desfrute. O sacerdote não pode ser humano, pois está aqui para lhe cobrar uma santidade que não existe. Assim, o sacerdote é alguém iluminado, frustrado ou hipócrita.

Dessa forma, há grande dificuldade no dirigente espiritual umbandista, que se sente apenas um simples mortal, passar a sentir-se e identificar-se como um sacerdote da religião. É comum identificar-se como dirigente espiritual, pode até se dar conta que um dirigente é um sacerdote por direito; no entanto, poucos se sentem sacerdotes de fato por não serem o modelo de sacerdote que prega o Catolicismo. No entanto, Umbanda não é Catolicismo e não prega nada do que se prega no Catolicismo com relação ao moralismo e ao pecado. A Umbanda não prega o celibato nem a abstenção dos prazeres deste mundo. Não pregamos a mortificação do corpo em detrimento da alma.

O Espiritismo também passa uma imagem pesada com relação ao médium atuante que assume uma grande responsabilidade, interpreta o carma como se fosse pecado, peso demais em cima de uma moral, do comportamento externo em detrimento do interno. Você deve ser o ser resignado e aceitar tudo como se fosse um carma para não ir para as trevas, a responsabilidade de seus atos é sua e tudo pode levá-lo para o mundo astral inferior. Se você não for bom o suficiente em suas relações, será obrigado a reencarnar com as pessoas que o agridem. Tudo é carma e pecado. São espíritas que não deixaram de ser católicos. Assim como existem muitos umbandistas que não deixaram de ser católicos nem deixaram de ser espíritas.

A imagem do sacerdote não é o sacerdote real; é importante desconstruir essa imagem tanto para o sacerdote (dirigente) quanto para seu corpo mediúnico e sua consulência.

Esse estereótipo do sacerdote é um problema para os sacerdotes de Umbanda, para os médiuns e para os consulentes.

Para os sacerdotes é um problema, por eles não se sentirem sacerdotes e se colocarem sempre abaixo dos sacerdotes das outras religiões;

colocam-se apenas como dirigentes e acabam não assumindo seu lugar como sacerdote. Imaginam que deveriam, também, se enquadrar na expectativa dos outros e deles mesmos do que deveria ser um sacerdote, partindo de sua religião anterior. É preciso se dar conta de que o dirigente é um sacerdote de Umbanda e não importa como são ou como se portam os sacerdotes das outras religiões, nem a expectativa hipócrita e falso-moralista que colocam em cima da palavra sacerdote. A única coisa que a Umbanda pede a seus sacerdotes é a verdade, que vivam sua verdade seja ela qual for. E claro que dentro de sua verdade esteja a "regra de ouro" de todas as religiões: não fazer ao próximo o que você não quer que façam a você, o que se aperfeiçoa com a máxima de Cristo "amar ao próximo como a si mesmo". Não fazer ao próximo o que não queremos para nós é fácil, amar ao próximo como a si mesmo nem sempre é fácil e às vezes é um problema, por conta de que muitas pessoas não aprenderam a amar a si mesmas, então, primeiro é preciso aprender a amar a si mesmo e depois estender isso ao próximo. Caso contrário, corremos o risco de "odiar ao próximo como a si mesmo".

Falamos muito sobre a "verdade, viver sua verdade, mas nem sempre fica claro para quem lê ou ouve o que isso quer dizer. "Viver sua verdade" quer dizer que seus sentimentos, pensamentos, palavras e ações estão todos em uma mesma direção. Essa é uma ética para consigo mesmo, e a única forma de saber qual é sua verdade é vivê-la. E isso precisa ser escrito pelo fato de que é muito comum as pessoas sentirem uma coisa, pensar outra, falar o contrário do que pensa e agir totalmente descompromissado com suas palavras. É o famoso faça o que eu digo, mas não faça o que eu faço. Não é preciso ser santo, nem é isso que a Umbanda espera de nós médiuns e sacerdotes, mas é fundamental viver o que se prega, viver sua verdade e ser essa verdade para si e para os outros.

Para os médiuns é um problema a expectativa e a idealização de um modelo de sacerdote que não existe, pois acabam não se relacionando com o sacerdote e sim com a imagem que fazem de quem gostariam que fosse esse sacerdote. Criam uma ilusão de como ele deveria ser e logo se desiludem, frustram-se em suas expectativas ao perceber que seu sacerdote é humano, que ele é uma pessoa normal e tão comum quanto os demais médiuns em sua corrente. A grande diferença é que o sacerdote tem uma responsabilidade bem maior e assumiu uma missão maior que apenas incorporar seus guias para atender ao próximo. O sacerdote assumiu a missão de cuidar da mediunidade de outras pessoas além dele mesmo; assumiu seu lugar como tutor, orientador, "professor" e, acima de tudo, Mestre desse corpo mediúnico. E não importa que haja defeitos, dificuldades e limitações nesse Mestre (sacerdote), importa que ele assumiu sua missão, que tenha vontade de crescer junto de seus médiuns e que ser Mestre não é ser um santo ou um iluminado, ser mestre na Umbanda é, no mínimo, criar condições saudáveis para seus médiuns viverem experiências mediúnicas que podem transformá-los enquanto pessoas. Ser sacerdote-mestre é conduzir outros médiuns nesse caminho ao encontro de seus mestres pessoais (seus guias). E, claro, cada médium tem o sacerdote que merece.

Para a consulência também é um problema sua expectativa de sacerdote, sua imagem preconcebida não apenas do sacerdote mas do que venha a ser uma religião e um religioso. Acabam não se relacionando com a Umbanda, e sim com uma imagem do que gostariam que fosse a Umbanda. É assim que muitos chegam na Umbanda e acabam se tornando católicos-umbandistas ou espíritas-umbandistas. Não abandonam o moralismo e a doutrina de suas antigas religiões, não conseguem mudar o modelo de religião e sacerdócio que foi criado em suas mentes. Entram para a Umbanda e continuam querendo "evangelizar", "catequizar" e até doutrinar segundo o modelo da mesma religião que ele mesmo não se adaptou. Tornam-se umbandistas, mas não querem deixar de ser católicos, espíritas ou espíritas-católicos. Muitos continuam de fato pertencendo a essas duas religiões e outros passam a ter uma tripla pertença religiosa: frequentam um centro espírita em certo dia, uma igreja em outro e o Templo de Umbanda em um terceiro dia da semana. Não haveria problema se as pessoas estivessem acima dos modelos criados por cada seguimento, não haveria problemas se as doutrinas não fossem tão contraditórias, não haveria problemas se não carregassem o discurso de uma religião para dentro da outra religião, descaracterizando e criando uma expectativa que nunca será correspondida.

Mudar a mim mesmo!

Por Wagner Veneziani e Cláudio Roque Buono[6]

Sufi Bayazid diz o seguinte de si mesmo:
"Na juventude, eu era revolucionário e rezava desta forma:
– Deus, dai-me energia para mudar o mundo!
Mas ao chegar à meia-idade, percebi que metade da vida já havia se passado sem que eu tivesse mudado homem algum.
Então, mudei minha prece, dizendo ao Criador:
– Dai-me a graça, Senhor, de transformar os que vivem comigo, dia a dia, como minha família e meus amigos; com isso já estarei satisfeito...
Agora que estou velho e tenho os dias contados, percebo bem quanto fui tolo assim rezando.
Minha oração, agora, é apenas esta:
– Dai-me a graça, Senhor, de mudar a mim mesmo.
Se eu tivesse rezado assim, desde o início, não teria desperdiçado minha vida."

---

6. Wagner Veneziani e Cláudio Roque Buono. *Além do que se vê*. Madras Editora.

Pai de Santo, Dirigente Espiritual ou Sacerdote?

"Deus não escolhe os capacitados, capacita os escolhidos." A.D.
"Todos são chamados, escolhidos são os que se dedicam a 'algo' maior que eles mesmos."
Alexandre Cumino

Popularmente são conhecidos como "pai de santo", um termo que vem por influência do Candomblé.

Na Umbanda temos os dirigentes espirituais, termo que vem do Espiritismo.

O Espiritismo não usa o termo pai nem sacerdote pelo fato de que não aceita para si a imagem de religião.

Todo sacerdote é um "pai espiritual" porque tem "filhos espirituais", mas o termo "pai de santo" vem sendo banalizado pela mídia e por pessoas que se arvoram a usar desse "posto" para enganar e vender trabalhos espirituais, como amarração e outros.

Todo sacerdote é um dirigente porque é quem organiza, comanda e dirige os trabalhos espirituais; no entanto, o sacerdote não é apenas um dirigente, ele tem uma relação religiosa e espiritual com sua corrente que está sob sua tutela.

Todo sacerdote é um mestre, mas nem todo mestre é um sacerdote; o sacerdote de Umbanda é um mestre para seus médiuns.

Afirmar-se sacerdote traz um respeito para a religião.

O dirigente é sacerdote por direito, pois ele é o responsável pelo templo e é a ponte, o meio (médium) entre a comunidade e o sagrado, o astral, o divino. No entanto, muitas vezes ele é apenas uma ponte passiva, um meio morto, um inerte que não toma partido, que não quer se envolver nem se comprometer, quer ser neutro, isento, imune; não assume a postura sacerdotal por medo da responsabilidade. O dirigente que não assume sua postura de sacerdote é omisso; no entanto, ainda assim é uma escolha possível. Escolha de deixar para seus guias toda a responsabilidade perante os médiuns, consulentes e a comunidade em geral. Essa é uma escolha; no entanto, fica faltando assumir seu devido lugar diante do mundo material, espiritual, sagrado e divino, seu lugar de elemento ativo e não apenas passivo. Sacerdócio é atividade, sacerdote é elemento ativo dentro da religião de Umbanda.

Quando o dirigente assume a responsabilidade, torna-se sacerdote de fato e não apenas de direito. Não é apenas um oficiante, ele é consciente de sua missão e seu papel sacerdotal. Entende sua função e sua atuação.

O Peso da Palavra "Sacerdote"

"Todo médium é um sacerdote em potencial, cada um de nós é um templo vivo da religião."
Pai Benedito de Aruanda, por Rubens Saraceni

Tenho um amigo, sacerdote de Umbanda, que afirma que não é sacerdote, que é dirigente, e que não pode se considerar sacerdote, simplesmente porque fuma, bebe e gosta de sexo. E também por não se colocar acima de seus médiuns, pois está sempre aprendendo com eles. Ele crê que um sacerdote é alguém que deve impor-se muitas restrições de comportamento, que não pode ter vícios, muito menos prazeres, e que deveria estar acima dos demais médiuns.

Essa é a imagem que a sociedade tem do "sacerdote", a imagem criada por muitas religiões e, principalmente, pelo Catolicismo e Cristianismo atual. No entanto, essa ideia de restrições é que cria a hipocrisia sacerdotal. A Umbanda não pede para seus sacerdotes serem santos, ela pede apenas para que eles vivam sua verdade. Somos religiosos, no entanto somos religiosos umbandistas; o nosso perfil de religioso e o nosso perfil de sacerdote é diferente do perfil de outras religiões.

Apresentar-se como sacerdote de Umbanda é algo que vai aos poucos conquistando o respeito para a religião, pois se temos sacerdotes, temos sacerdócio e somos uma religião que deve ser respeitada como as outras.

A questão interna, na Umbanda, é que para alguém se apresentar como sacerdote, esse alguém deve se sentir sacerdote, isso deve ser sua verdade. E para alguém se sentir sacerdote deve primeiro saber o que é o sacerdócio e preparar-se como sacerdote. Esse preparo pode ser autodidata, pode ter sido feito com o seu sacerdote ou com a ajuda de cursos de preparação sacerdotal. Todos os caminhos são válidos para esse sacerdote sentir-se preparado e estar preparado para sua missão de dirigente, pai espiritual, mestre e sacerdote de Umbanda.

Iniciação nos Mistérios do Mundo Espiritual
por Humberto Roden[7]

O filósofo Humberto Rohden, nosso contemporâneo, conta-nos que certo dia apareceram dois homens em um dos ashrams de Gandhi e pediram-lhe para que os iniciassem nos mistérios do mundo espiritual. O Mahatma cedeu ao pedido e os dois homens hospedaram-se no ashrams.

Iniciando, Gandhi encarregou-os de varrerem o pátio, depois de descascar batatas, rachar lenha, limpar privadas de aldeias vizinhas, como ele mesmo costumava fazer, em companhia de uma turma especial encarregada da higiene.

À noite, antes do descanso noturno, todos faziam uma hora de meditação.

Os dois homens, impacientes, querendo saber quando iriam começar na iniciação no mundo espiritual, perguntaram então a Gandhi e ouviram a resposta: "Já começaram".

Atônitos, perguntaram: "E quando terminará?".

Gandhi respondeu: "Terminará quando vocês fizerem de boa vontade o que até agora fizeram de má vontade".

---
7. Humberto Roden. *Mahatma Gandhi*. Ed. Martin Claret, 2009.

Quem é o Sacerdote de Umbanda?

"Muitos podem ser sacerdotes. Mas, para alguém ser sacerdote na Umbanda, antes tem de ser um 'meio' entre os dois planos da vida, tem de ser, em si mesmo, um templo vivo."
Rubens Saraceni[8]

Perante o astral, o mundo espiritual, o sacerdote de Umbanda é um médium que encarnou com essa missão, o que é confirmado por seus guias espirituais. Suas entidades lhe comunicam a vontade de comandar um trabalho de Umbanda e, com o tempo, formar seu próprio grupo de médiuns.

Perante uma comunidade, o sacerdote é aquele líder religioso que toma a frente do grupo com orientação religiosa e espiritual. Geralmente, esse líder é responsável por um templo, no qual se pratica a religião.

Perante o Estado, que é laico, é sacerdote o líder religioso (de qualquer seguimento) reconhecido oficialmente por uma comunidade, em atas e estatutos registrados em cartório, como o seu "ministro religioso".

Perante as religiões instituídas e organizadas, existem os cursos de formação sacerdotal em que pessoas com o dom da oratória, ou vocação sacerdotal, passam meses, ou até anos, dependendo do seguimento, preparando-se, estudando e praticando o sacerdócio. Uma tradição de investidura sacerdotal vai se formando, em que o mais velho vai passando seus conhecimentos ao mais novo e assim sucessivamente. O

---
8. Rubens Saraceni. *Doutrina e Teologia de Umbanda Sagrada.* Madras Editora, 2003, p. 330.

conceito é manter um padrão de qualidade, ou exigência de requisitos, e profundidade naquele que vai representar a religião e assumir a responsabilidade de conduzir e orientar seres humanos (diga-se de passagem que em nada tem a ver com ovelhas).

O sacerdote é um representante da religião, é alguém que deve ter a autoridade de falar sobre a sua religião, mesmo que não seja um orador. Independentemente de ser reconhecido pelo astral, pela comunidade e pelo Estado, devemos ressaltar que ele não é apenas um dirigente espiritual, ou um "pastor com suas ovelhas". Mesmo que não represente todos os segmentos dentro de sua religião, o sacerdote deve saber apresentar de forma clara os fundamentos de sua religião. Todo sacerdote é um formador de opinião e deve ter consciência desse seu papel e assumir a responsabilidade dos valores e conceitos que transmite. Muitas vezes, sua simples opinião sobre algo é tomada como "lei" por seu grupo, o que pode ser um poder efêmero e imposto, ou uma autoridade a ser seguida. Para tal, é preciso equilíbrio emocional, humildade e maturidade, o que pode e deve ser trabalhado ao longo dos anos.

Podemos falar em investidura sacerdotal vertical ou horizontal. A investidura é essa outorga sacerdotal perante a comunidade e a Divindade. Há, na história da humanidade, uma forma de investidura vertical que vem do contato direto com a Divindade e a horizontal, em que sacerdotes encarnados preparam outros encarnados como sacerdotes para dar continuidade à religião.

A religião mais antiga que se conhece é o Xamanismo e, nele, podemos verificar aqueles que se tornaram xamãs pelo contato direto com o sagrado, o mistério tremendo e fascinante, e aqueles que se tornaram xamãs por terem sido preparados por outros xamãs.

Grandes líderes religiosos tiveram esse contato direto com a deidade, como Abraão, Moisés, Cristo e Mohamed (Maomé), para falar dos idealizadores das três grandes religiões autodeclaradas monoteístas. Melquisedec é um exemplo de sacerdócio divino recebido direto do alto e, para muitos, ele é considerado um anjo manifesto. Quando o sacerdócio horizontal foi instituído no Judaísmo, os homens que tinham um contato direto com o mistério sagrado passaram a se identificar como profetas. Cristo podia ser reconhecido como profeta, mas foi identificado como sacerdote da linhagem de Melquisedec por aqueles que perpetuaram a tradição sacerdotal cristã, conforme se lê na Bíblia. Mohamed se declara o último profeta por meio de contato direto com o Arcanjo Gabriel, quem lhe ditou o Alcorão (Corão). Os Vedas do Hinduísmo foram ditados e escritos por divindades. Ganesha, filho de Shiva, em pessoa, escreveu parte dos Vedas, homens santos (rishis) e inspirados escreveram outras partes. E assim tem sido em todas as tradições religiosas, que surgem do encontro místico com o sagrado, do qual nasce uma doutrina, filosofia, mitologia, ritual, liturgia, ou seja, onde nasce uma religião.

Esse contato com a Divindade ou a espiritualidade foi definido como mediunidade por Allan Kardec, e desse contato, de forma organizada com um grupo de médiuns respondendo a um questionamento sistematizado por uma rígida metodologia, surgiu o Espiritismo. O contato com espíritos sempre houve na humanidade, o que nasce de novo é o código espírita, a obra organizada por Kardec. Por meio dessa obra, muitos outros se prepararam para uma missão espiritual, para um sacerdócio vocacional. Mesmo que não tenha as formalidades ritualísticas, tem o ideal filosófico que anima a missão sacerdotal. Dentro do Espiritismo, grandes médiuns, como Chico Xavier, tiveram a oportunidade desse contato direto com seus mentores e por eles foram lapidados durante uma vida de atividade mediúnica, recebendo e transmitindo orientações, conduzindo toda uma comunidade.

Podemos citar **Zélio de Moraes** como alguém que recebeu outorga e investidura sacerdotal vertical, por meio do contato direto com a espiritualidade, representada por seus guias espirituais. A partir do momento em que incorporou o Caboclo das Sete Encruzilhadas e este idealizou o ritual e a doutrina da nova religião, Zélio se torna sacerdote e fundador da religião, recém-criada, anunciada ou trazida do astral. Com o tempo, Zélio de Moraes passou a preparar novos sacerdotes para a Umbanda, que foram também tomando a frente de outros templos ou tendas de Umbanda. Daí nasceram as primeiras tendas de Umbanda de que se tem notícia. De forma direta ou indireta, Zélio ajudou centenas de médiuns a assumirem sua missão como sacerdotes de Umbanda.

Benjamim Figueiredo, desenvolvido na Umbanda por Zélio, fundador da Tenda Espírita Mirim, 1924, e do Primado de Umbanda, 1952, também criou e organizou uma metodologia de formação mediúnica e sacerdotal para seus médiuns e filiados.

Pai Ronaldo Linares, ao que nos consta, é o criador do primeiro curso, aberto, de sacerdotes na Umbanda, onde já formou milhares de sacerdotes. Pai Ronaldo também conviveu com Zélio de Moraes e encontrou nele o apoio necessário para a criação desse modelo de preparação sacerdotal umbandista.

Pai Rubens Saraceni, preparado por Ronaldo Linares, também recebeu de seus mentores de forma direta uma enorme quantidade de informações teológicas de Umbanda e foi orientado para organizar esse conhecimento e passá-lo adiante. Rubens idealizou cursos de Desenvolvimento Mediúnico Umbandista, Teologia de Umbanda Sagrada e Sacerdócio de Umbanda Sagrada. Preparou sacerdotes aptos e com condição e outorga de prepararem outros sacerdotes.

Sabemos que ninguém faz do outro um sacerdote antes de que este tenha missão para tal, que é a outorga espiritual. No entanto, mesmo antes de ter ideia sobre essa missão, já vamos sendo preparados por nossos guias e, se tiver sorte, o médium vai sendo preparado dentro do terreiro em que frequenta, por seu sacerdote e pelos guias espirituais que comandam a tenda que frequenta. Esse se tornou um preparo tradicional dentro da Umbanda, no qual cada um dá o que recebeu de seu antecessor. A ideia de um curso sacerdotal é unir o conhecimento de muitos, mais o conhecimento do astral, para se alcançar o máximo de recursos em um período relativamente curto de preparo sacerdotal, que dura entre dois a três anos em média.

A questão é que nem tudo se passa tão tranquilamente para médiuns umbandistas em geral e para os que têm a missão específica de sacerdócio em particular.

Muitos umbandistas têm a mediunidade aflorada do dia para a noite, alguns sem ter participado de nenhuma corrente mediúnica e, ainda assim, incorporam Guias de Umbanda que lhe pedem para tomar a frente de um trabalho espiritual, explicando que é uma missão. Outros, que se desenvolveram em um templo, incorporam seus guias que trabalham muito bem e, em determinado momento, também lhe esclarecem sobre sua missão: tomar a frente de um trabalho que se fundamenta neles, os mentores, sem ter recebido nenhum amparo ou orientação de quem os desenvolveu mediunicamente. Muitos começam dentro de casa, em um quarto, sala, garagem ou quintal e, na maioria das vezes, o trabalho cresce e junto também aumentam as dúvidas e os questionamentos, internos e externos.

Afinal, não são poucos os que se encontram nesta mesma condição: possuem o dom mediúnico, têm missão sacerdotal e sentem que falta algo em sua formação. Quase sempre, falta amadurecimento, reflexão ou, ainda, a orientação prática/teórica que lhe dê segurança e lhe responda algumas de suas dúvidas. Além disso, é possível aprender ainda muitos recursos, técnicas e ferramentas que venham a somar para sua missão. E é por isso que foram criadas as formações sacerdotais e os cursos de sacerdócio.

O preparo sacerdotal não se destina apenas a médiuns que têm a missão sacerdotal de comandar um grupo. O preparo sacerdotal destina-se a todos os médiuns de Umbanda que desejam conhecer mais sobre sua religião, destina-se a todos os médiuns de incorporação que desejam ter mais recursos para ajudar ao próximo, destina-se a todos os médiuns de incorporação que pretendem passar por consagrações e iniciações que vão ajudá-lo em suas caminhada e missão mediúnicas. Um curso de sacerdócio destina-se a todos aqueles médiuns de incorporação que desejam ver o trabalho espiritual sob a ótica do dirigente espiritual, a todos que querem entender o quanto é delicado tomar a frente de um grupo e qual a responsabilidade de tal tarefa. Um curso de sacerdócio está voltado a passar mais cultura, conhecimento, preparo e fundamentação prática e teórica, tanto para quem tem a missão como para quem não tem, ou ainda não sabe se tem a missão de assumir a liderança de um grupo. A preparação sacerdotal é o preparo de um líder para conduzir um grupo ou aprender a conduzir a si mesmo.

É a essas pessoas se destina o que chamamos de CURSO DE SACERDÓCIO, e não encontramos definição melhor para identificar um modelo de ensino que envolve conteúdo teórico/prático, metodologia e reconhecimento da comunidade que o acolheu.

O sacerdócio umbandista não é brincadeira e não nos propomos a preparar quem possa vir a banalizar a religião. Logo, é um estudo voltado para os médiuns que amam a religião e colocam sua missão mediúnica como uma prioridade em sua vida.

Todas as religiões instituídas têm o conhecimento da necessária e bem-vinda instrução e formação sacerdotal, que nos seus primórdios era passado de "Mestre" para "discípulo". Já no mundo antigo, foram criadas escolas de preparo sacerdotal coletivo, onde seus mistérios são compartilhados pelo grupo. Com a Umbanda não seria diferente.

JUS 151 – 12/2012

O discípulo se aproxima do mestre:
Por Paulo Coelho[9]

– Durante anos busquei a iluminação – disse.
– Sinto que estou perto. Quero saber qual o próximo passo.
– E como você se sustenta? – perguntou o mestre.
– Ainda não aprendi a me sustentar; meu pai e minha mãe me ajudam. Entretanto, isto são apenas detalhes.
– O próximo passo é olhar o sol por meio minuto – disse o mestre.
O discípulo obedeceu.
Quando acabou, o mestre pediu que descrevesse o campo à sua volta.
– Não consigo vê-lo, o brilho do sol ofuscou meus olhos – respondeu o discípulo.
– Um homem que apenas busca a Luz, e deixa suas responsabilidades para os outros, termina sem encontrar a iluminação. Um homem que mantém os olhos fixos no sol termina cego – comentou o mestre.

---
9. Paulo Coelho. *Maktub*. Ed. Rocco, 1994, p. 17.

Como se Prepara um Sacerdote de Umbanda?

> *"A formação sacerdotal é fundamental para o exercício dessa função, imprescindível às coletividades afins por meio da fé e de uma crença religiosa... Só assim, com alguém que sabe e gosta de ensinar, é possível a transmissão de conhecimentos e de práticas fundamentais para o exercício do sacerdócio umbandista. Afinal, quem muito sabe, mas não gosta de ensinar ou quem gosta de ensinar, mas pouco sabe, nunca formará novos e bons sacerdotes."*
> Rubens Saraceni[10]

O primeiro Sacerdote de Umbanda foi Zélio de Moraes. A pergunta é: como ele foi preparado para sua missão? Ele já nasceu com essa missão, então recebeu um preparo antes de encarnar, mas esse preparo pré-encarnatório, que consiste de fato na missão sacerdotal, não descarta o preparo pelo qual passamos aqui neste mundo. O que podemos dizer é que Zélio foi preparado de forma direta por seus guias e mentores, foi preparado pelo Caboclo das Sete Encruzilhadas e por Pai Antônio. E da forma como ele foi preparado, passou a preparar outros médiuns.

Zélio de Moraes fazia desenvolvimento mediúnico e identificava aqueles que tinham a missão de comandar uma tenda de Umbanda. Ao

---

10. Rubens Saraceni. *Fundamentos Doutrinários de Umbanda*. Madras Editora, 2012, p. 89.

longo dos anos e das atividades mediúnicas, o médium ia naturalmente sendo preparado para sua missão. O trabalho de Zélio sempre foi muito simples, como é até os dias de hoje na Tenda Espírita Nossa Senhora da Piedade. As necessidades mediúnicas da missão de cada um são supridas de forma direta com um contato pessoal e individual com os guias que comandam aquela casa. Dos rituais realizados por Zélio, o que mais chama a atenção é o trabalho de amaci, feito anualmente na tenda e que evidencia o quanto essa ritualística pertence à Umbanda, assim como a defumação, os banhos de ervas e as oferendas.

Fora esse preparo sacerdotal bem pessoal e individual, temos o preparo sacerdotal desenvolvido por grandes terreiros e federações, com métodos e doutrina próprios.

Muitas Federações e Templos adotaram linguagem e procedimentos do Candomblé, colocando como se fosse de Umbanda alguns rituais de origem nagô-yorubá, gêge, angola ou congo. Assim surgem feituras "sacerdotais" de "Umbanda", com camarinha, bori, recolhimento e obrigações nos moldes do culto de nação.

Alguns segmentos de Umbanda adotam as obrigações do Candomblé, em que o médium só será visto como sacerdote se tiver realizado as obrigações de um ano, três e sete anos, para depois fazer obrigação de 14 e 21 anos. Isso confunde um pouco a cabeça dos umbandistas.

Pai Ronaldo Linares prepara os sacerdotes por meio de seu curso de sacerdócio, com grande carga teórica, mesclada com práticas na natureza, que consistem de oferendas e apresentações aos Orixás nos seus pontos de força, chamadas por ele de obrigações. Pai Ronaldo afirma que a palavra obrigação para ele não tem o mesmo contexto do Candomblé e que é algo que o médium se obriga a realizar.

Outros segmentos, como o Primado de Umbanda, fazem a coroa dos filhos por meio de um ritual precedido de doutrina, oferendas e obrigações, terminando com a coroação desse médium.

Rubens Saraceni, com o amparo da espiritualidade, recebeu toda uma metodologia de preparo sacerdotal para preparar novos sacerdotes, em que eles recebem toda uma carga teórica doutrinária e teológica, para depois passar pela apresentação e iniciação nos mistérios dos 14 Orixás e demais linhas de trabalho à direita e à esquerda, realizados no templo.

O que podemos dizer é que existem muitas formas de se preparar um sacerdote, mas nenhuma prescinde da missão sacerdotal, recebida de forma direta da espiritualidade. Perante a espiritualidade, para ser um sacerdote de fato, deve haver essa missão.

Todos concordam que um sacerdote de Umbanda deve realizar suas oferendas na natureza para os Orixás que são por ele cultuados, isso pode ser chamado de obrigação ou apenas de oferenda, apresentação e iniciação. O sacerdote deve ser um médium que alcançou a maturidade mediúnica, conhecendo quem são seus guias de trabalho, identificando o guia chefe, o mentor e o guia de frente. Esse sacerdote também conhece seu campo de atuação e a regência de Orixás que o amparam, identificando no mínimo quem são seus pais de cabeça: Orixá de Frente e de Juntó. Como isso é feito, não importa muito. Cada segmento desenvolve seu método para chegar ao mesmo objetivo. Assim, temos algumas escolas ou colégios sacerdotais dentro da Umbanda que já, há algumas décadas, vêm desenvolvendo um bom trabalho nesse campo.

Existe, sim, muita discussão em torno de qual método é o melhor ou quais obrigações um sacerdote deve fazer, questionando se foi bem preparado ou não. Essa é mesmo uma discussão vazia e sem propósito. A única coisa que vai dizer se esse sacerdote foi bem preparado é o resultado de seu trabalho. Quando lhe questionarem quais obrigações foram feitas, ou por qual ritual você passou, lembre-se de Zélio de Moraes e de que a Umbanda é simples, muito simples.

O que mais se espera de um sacerdote é que tenha alcançado uma maturidade mediúnica e religiosa. Pelo fato de a Umbanda ser uma religião que cultua as forças da natureza, é fundamental e indispensável que o sacerdote tenha essa ligação com a natureza e os Orixás, e a forma mais simples de criar esse vínculo é por meio dos cultos e oferendas na natureza.

Não são as obrigações, coroação, feitura ou as iniciações que fazem de você um sacerdote, mas é claro que esses rituais são fundamentais para lhe conferir maiores recursos junto à espiritualidade e aos Orixás, além de o ajudarem a se tornar mais confiante, consciente, seguro e preparado. Por isso tudo e muito mais, podemos dizer que um curso não faz um sacerdote, no entanto, um sacerdote que estuda e se prepara tem muito mais a oferecer para sua comunidade.

Existem muitas formas de se preparar um sacerdote de Umbanda, mas de nada adianta todo um preparo, se não houver uma consciência da missão. De nada adianta realizar oferendas e obrigações, cumprindo todos os passos do ritual, em toda a sua complexidade e preceitos, se antes esse sacerdote não houver oferendado a si mesmo como instrumento dos Orixás. De nada adianta realizar coroações e evocar uma tradição, se não houver debaixo dessa coroa uma mente sincera e reta entre seus sentimentos, pensamentos, palavras e ações. É pura ilusão buscar um título de sacerdote sem antes mergulhar no caminho do autoconhecimento. É mentira dizer ou acreditar que vai ajudar aos outros, fazer a "caridade", se antes não consegue ajudar a si mesmo e aos próximos mais próximos, como sua mulher, seu marido, filhos, netos, pais e avós. Não existe uma preparação sacerdotal fria e técnica quando o objetivo maior é, e sempre será, compreender o ser humano em sua complexidade, o que só é possível por meio de amor e sabedoria.

Portanto, antes de se preocupar com técnicas, investidura sacerdotal, coroação, obrigação, iniciações, apresentações e títulos, procure tornar-se um templo vivo para a espiritualidade, procure o contato direto e reto com seus guias e mestres pessoais no astral, procure ser antes de tudo sacerdote de si mesmo.

JUS 153 – 2/2013

"*Homem algum poderá revelar-vos senão o que já está meio adormecido na aurora do vosso entendimento. O mestre que caminha à sombra do templo, rodeado de discípulos, não dá de sua sabedoria, mas sim de sua fé e de sua ternura. Se ele for verdadeiramente sábio, não vos convidará a entrar na mansão de seu saber, mas vos conduzirá antes ao limiar de vossa própria mente.*"
Gibran Khalil Gibran – *O Profeta*

Modelo de Juramento do Sacerdote de Umbanda

É comum o sacerdote fazer um juramento antes de assumir que sua missão é ofício. Coloco abaixo um modelo:

Eu juro nunca usar da magia ou da espiritualidade com intenção de prejudicar quem quer que seja e em nenhuma hipótese.

Eu juro nunca cobrar pelos atendimentos espirituais realizados por meus guias, mesmo que eu esteja passando dificuldades financeiras. Pois minha dignidade não tem preço e minha espiritualidade não está à venda.

Eu juro honrar o nome de quem me preparou e também juro honrar a memória e o nome de Zélio de Moraes, Pai e fundador da Umbanda, que se dedicaram com amor e determinação, dando o melhor que tinham de si mesmos para que eu pudesse estar aqui hoje, tendo recebido um preparo sacerdotal que é, também, o resultado e fruto dessa linhagem de sacerdotes de Umbanda.

E por fim reconheço que cada um de nós é um templo vivo de Olorum, no qual se manifestam nossos Guias e Orixás. Faço saber que esse é o meu maior sacerdócio, para o qual fui preparado, no qual minha alma é o corpo do templo assentado em meu coração como altar de Umbanda Sagrada.

Sendo assim, creio e dou fé de minha verdade em todas as palavras acima descritas.

QUE ASSIM SEJA, AMÉM.

Gratidão ao Mestre
Por Alexandre Cumino

Sariputta foi um dos mais dedicados discípulos de Sidharta Gautama, o Budha, e assim como alguns outros alcançou a iluminação, tornou-se ele, também, um Budha, iluminado.

Sidharta Gautama, reconhecendo seu discípulo, agora, como um iluminado, um Budha, também um Mestre, lhe disse: "Minha presença não lhe é mais necessária. Você mesmo se tornou Mestre e Budha por merecimento próprio. Siga seu caminho e ajude a tantos quantos puder a sair da ilusão, vencer a dor e alcançar eles também a iluminação".

Antes de deixar Sidharta, Sariputta, à frete de todos, lhe tocou os pés pela última vez, o que é um sinal de respeito, reverência e reconhecimento do Mestre. Alguém que estava ao lado, e que não era nem iluminado e muito menos um discípulo de fato, lhe questiona: "Se agora você é um Budha, por que ainda toca os pés de Sidharta?".

Sariputta responde: "Tem razão, se sou Budha, não há mais necessidade de tocar os pés de outro Budha, mas minha iluminação só aconteceu devido a ele ter sido meu mestre".

E para o resto de sua encarnação, estivesse onde fosse, Sariputta se prostrava todos os dias pela manhã e à tarde em direção onde estava Sidharta Gautama. E quando lhe questionavam o que estava fazendo, ele dizia que estava reverenciando seu mestre e que agora ele era mestre de si mesmo, mas isso só havia sido possível por meio daquele mestre que o acolheu em algum momento de sua vida.

Qual é a Missão do Sacerdote de Umbanda?

"Bem, o que deduzi é que ninguém faz um dirigente espiritual, porque só o é ou só será quem receber essa missão de seus guias espirituais. Mas, se assim é na Umbanda, no entanto o exercício do sacerdócio pode ser organizado, graduado e direcionado por uma 'escola', e isso facilita muito porque traz confiança e orientações fundamentais ao dirigente espiritual."
Rubens Saraceni[11]

É uma missão espiritual e social, mediúnica e sacerdotal. Na maioria das vezes é um compromisso assumido antes de encarnar. Uma missão como essa deve ser algo que dê um sentido para sua vida e para sua encarnação. É servir a algo maior que nós mesmos. Ter uma missão é sentir que existe algo muito especial a ser realizado por nós nesta encarnação. Claro, todos nascem com algo para realizar em vida; no entanto, o sacerdote nasce com a missão de conduzir e orientar pessoas.

Muitos se perguntam como saber ou ter certeza que têm mesmo essa missão? É muito simples, podemos começar dizendo que nunca será uma obrigação. Uma missão como essa é algo sentido no coração, é algo que se deseja e quer realizar, sem esperar nada em troca. Uma

---
11. Rubens Saraceni. *Tratado Geral de Umbanda*. Madras Editora, 2009, p. 28.

missão sacerdotal deve ser sempre um virtuosismo e, claro, "a virtude não espera recompensa".

A missão sacerdotal é uma missão consigo mesmo, com o astral, seus guias, Orixás e com a Umbanda. Mas antes de descobrirmos uma missão sacerdotal, em primeiríssimo lugar, descobrimos aptidão, interesse e inclinação pela espiritualidade para depois nos identificarmos com a mediunidade. Portanto, antes de conhecer e trabalhar sua missão sacerdotal, é preciso conhecer e trabalhar sua missão mediúnica. Estamos falando da Umbanda, uma religião mediúnica em que os sacerdotes são médiuns de incorporação. Apenas depois de alguns anos trabalhando como médium de incorporação, desenvolvido o suficiente para dar passe e consulta, é que esse umbandista pode assumir uma missão sacerdotal, o que deverá ser determinado e/ou confirmado por seus guias espirituais. Mas não basta apenas esse médium incorporar um Caboclo ou Preto-Velho: antes de assumir uma missão sacerdotal, esse médium deve incorporar os valores desse Caboclo, do Preto-Velho, da Criança, etc. Deve, antes, ser ele mesmo quem mais recebeu ajuda desses guias, para então assumir uma missão junto dos mesmos para ajudar a muitos mais.

Sabemos que a missão mediúnica umbandista passa obrigatoriamente pelo fundamento mais básico da religião, muito bem definido por Zélio de Moraes e pelo Caboclo das Sete Encruzilhadas: "a manifestação do espírito para a prática da caridade" e "ensinar a quem sabe menos e aprender com quem sabe mais".

Mas não podemos esquecer de que cada um dá o que tem, cada um faz o que pode e cada um é o que é. Não se espera melancias em um pé de laranjas. Mas também podemos dizer que Deus capacita os escolhidos e que todos são chamados, mas escolhidos são os que se dedicam mais.

O que quero dizer é que fazer a caridade é importante, ajudar o próximo é bom, mas, antes, deve-se ajudar a si mesmo tornando-se alguém melhor para si e para o próximo. Para amar ao próximo, antes precisamos aprender a amar a nós mesmos. Precisamos entender o que é a caridade, pois essa mesma caridade tem sido objeto de vaidade, quando muitos acreditam estar comprando um pedaço do céu com a sua "caridade". A maior caridade que podemos dar e receber é a consciência de nossa vida e da realidade que nos cerca. Costumam alegar que incorporar espíritos para evoluir é caridade, como uma obrigação de trabalhar na Umbanda para evoluir, ou trabalhar com espíritos para que eles possam evoluir. Como se não houvesse outras formas e meios de nós ou os espíritos evoluírem. Num primeiro momento, pode até parecer uma verdade, que esta é a missão: evoluir. No entanto, com o tempo, passa a ser moeda de troca, estamos barganhando nossa evolução e comprando um pedacinho do céu, ou de Aruanda, por meio de uma obrigação, ou trabalho forçado.

O ponto é que uma missão é algo que você faz sem esperar nada em troca, nem evolução, nem pedaço do céu, nem nada. Missão é algo que fazemos de graça e assim é com nosso guias também, que trabalham por amor a nós e ao próximo. Mesmo as entidades de menos luz, quando estão trabalhando, é porque receberam algo de bom e querem compartilhar. Na Lei e na Luz não se barganha, não se negocia doação ou entrega.

Lembro-me de ter ouvido uma história em que um homem muito doente, ao ser tratado por Madre Tereza de Calcutá, lhe disse assim: "Madre, eu não faria esse seu trabalho por dinheiro nenhum no mundo", ao que ela lhe respondeu: "Eu também não". Nenhum dos grandes mestres da humanidade, dos grande missionários, fez nada esperando algo em troca.

Por isso uma missão é sempre um AMOR, algo que é inexplicável para quem não tem, não sentiu ou não viveu. O sacerdote é quase sempre alguém que sente em seu coração que já recebeu muito da religião, que aprendeu, cresceu, viveu, levantou-se e quer de alguma forma retribuir.

O sacerdote, em sua missão, vai atuar como mestre e orientador e, dentro dessa missão, talvez, o mais importante que ele tenha a realizar é ajudar cada um de seus médiuns a encontrarem seus mestres pessoais. A grande missão desse sacerdote é criar ambiente e condições para que cada médium de incorporação consiga um contato real e verdadeiro com seus guias espirituais. A missão do mestre pessoal, dos guias espirituais, é ensinar seu médium a tornar-se mestre de si mesmo, o que quer dizer simplesmente ajudá-lo a aprender com a vida. Quando chegar nesse ponto, o médium não precisa mais de sacerdote nem de religião. Ele abandona todas as muletas espirituais, deixa de ser um pedinte e então descobre que está na Umbanda por amor e não por necessidade, muito menos por obrigação.

A missão do sacerdote não é brincadeira e não pode ser banalizada ou profanada. Entre outras atribuições, podemos dizer que a missão do sacerdote é conhecer a si mesmo, conhecer melhor o ser humano, ser feliz, se autorrealizar e ajudar a todos em sua volta nessas mesmas questões.

O Mestre e o Cavalo[12]

Um discípulo, que amava e admirava seu mestre, resolveu observá-lo em todos os detalhes, acreditando que, ao fazer o que ele fazia, também adquiriria sua sabedoria.

O mestre só usava roupas brancas, o discípulo passou a vestir-se da mesma maneira. O mestre era vegetariano, o discípulo deixou de comer qualquer tipo de carne, substituindo sua alimentação por ervas. O mestre era um homem austero, o discípulo resolveu dedicar-se ao sacrifício, passando a dormir numa cama de palha.

Passado algum tempo, o mestre notou a mudança de comportamento de seu discípulo e foi ver o que estava acontecendo.

"Estou subindo os degraus da iniciação", foi a resposta. "O branco de minha roupa mostra a simplicidade da busca, a alimentação vegetariana purifica meu corpo e a falta de conforto faz com que eu apenas pense nas coisas espirituais."

Sorrindo, o mestre o levou para um campo, onde um cavalo pastava.

"Você passou este tempo olhando apenas para fora, quando isso é o que menos importa", disse. "Está vendo aquele animal ali? Ele tem a pele branca, come apenas ervas e dorme em um celeiro com palha no chão. Você acha que ele tem cara de santo ou chegará algum dia a ser um verdadeiro mestre?"

---

12. Fonte: www.colegiopenabranca.com.br. *Jornal de Umbanda Sagrada*. Ed. 43, autor desconhecido.

Sacerdócio e Liderança Umbandista

Todo sacerdote de Umbanda é, ou deveria ser, um líder dentro de seu grupo, terreiro, centro, tenda, núcleo, etc. Afinal, exercer o sacerdócio, ser um dirigente, assumir essa responsabilidade, é chamar para si a responsabilidade de conduzir e orientar uma comunidade.

Tornamo-nos sacerdotes quando nossos guias espirituais nos colocam a missão de tomar a frente de um grupo. Passamos a ser identificados como pais e mães espirituais desses médiuns que nos procuram para se desenvolver e trabalhar sua mediunidade em nosso templo. Esse sacerdócio é legalizado e oficializado perante a sociedade com a documentação do templo registrada em cartório.

Quando somos chamados para essa missão, geralmente não nos sentimos prontos para tal responsabilidade, preocupamo-nos com: obrigações, feituras, firmezas, assentamentos, coroamentos, reconhecimento, segurança, demandas, etc. Alguns receberam um preparo sacerdotal dentro do terreiro em que nos desenvolvemos, mas hoje existem bons cursos de sacerdócio para que o médium receba um preparo todo dedicado ao contexto religioso sacerdotal umbandista. Mesmo quem já é sacerdote e dirigente costuma procurar os cursos de sacerdócio e, dessa forma, ir se lapidando e se aprofundando cada vez mais nos fundamentos e mistérios da religião. Ninguém sabe de tudo e a Umbanda é uma religião extremamente complexa. Aprendemos com os saberes de todos e assim vamos nos enriquecendo e nos preparando cada vez mais para lidar com vidas que são colocadas à nossa frente em sua fragilidade maior. Logo, trabalhar como médium não é brincadeira, ser sacerdote é algo muito sério e que deve, sim, ter um bom preparo que vai muito além de aprender algumas práticas, ter feito essas e aquelas obrigações ou ter passado por um ritual de coroação.

O sacerdote lida com pessoas, com seres humanos, com médiuns, com homens e mulheres enfrentando dificuldades emocionais, racionais, espirituais, materiais e mediúnicas. É preciso, antes de mais nada, saber diferenciar essas questões. Claro que é importante ter segurança mediúnica e contar com nossos guias para ajudar médiuns e consulentes. Ainda assim, deparamo-nos com a questão da liderança, ou seja, como esse dirigente, esse sacerdote, conduz o seu grupo. De nada adianta ter uma boa mediunidade, ter todos os preparos, conhecer todos os fundamentos e não conseguir exercer a liderança sacerdotal.

Aqui entra uma questão fundamental: **LIDERANÇA É ALGO QUE PODE SER APRENDIDO.**

Há anos venho estudando sobre liderança e colocando a questão para ser estudada e debatida nos cursos de Sacerdócio de Umbanda Sagrada. Os resultados são sempre animadores e surpreendentes.

Existe muita literatura sobre o assunto. Entre tantos títulos, quero recomendar dois livros que se complementam:

- *O Monge e o Executivo*, de James C. Hunter, Editora Sextante; e
- *Krishna e a arte de liderar*, de Sathia Sai Baba, Madras Editora.

Cito abaixo algumas definições apresentadas por James C. Hunter, para nossa reflexão:

> *Liderança é a habilidade de influenciar pessoas para trabalharem entusiasticamente visando a atingir os objetivos identificados como sendo para o bem comum.*
>
> *Poder é a faculdade de forçar ou coagir alguém a fazer sua vontade, por causa de sua posição ou força, mesmo que a pessoa preferisse não o fazer.*
>
> *Autoridade é a habilidade de levar as pessoas a fazerem de boa vontade tudo o que você quer por causa de sua influência pessoal.*

Liderar é exercer a autoridade e não o poder, liderar é conduzir pessoas que querem ser conduzidas. Liderar no sentido religioso é inspirar as pessoas a se tornarem seres humanos melhores. No título de Sai Baba, ele deixa muito claro que nenhuma técnica de liderança serve para quem não tiver caráter. Não adianta aprender a ouvir, dar atenção, ser educado, polido, firme, etc., se não houver uma retidão entre pensamentos, palavras e ação.

A liderança está diretamente ligada à sua VERDADE. Viver uma verdade é algo contagiante, conseguir realizar-se em algum campo de sua vida é algo magnetizador e atrator de pessoas que querem viver essa mesma experiência. No campo religioso, isso é mais forte ainda, pela oportunidade de viver experiências de transcendência que dão um sentido existencial para a vida. O líder realizado religiosamente vai naturalmente se tornando desapegado, pleno e satisfeito. Esse líder feliz consegue vencer suas dores, traumas, mágoas, e subjugar o ego com AMOR; logo, surgem outras qualidades citadas por Hunter, como:

> *Paciência é capacidade de autocontrole.*
> *Bondade é dar atenção, apreciação e incentivo.*
> *Humildade é ser autêntico, sem pretensão ou arrogância.*
> *Respeito é tratar os outros como pessoas importantes.*
> *Abnegação é satisfazer as necessidades dos outros.*
> *Perdão é desistir de ressentimento quando prejudicado.*
> *Honestidade é ser livre de engano.*
> *Compromisso é sustentar suas escolhas.*

Essas qualidades não podem ser forjadas, mas podem ser exercitadas, estimuladas, de tal forma que aos poucos seja possível sentir prazer em praticá-las. Mas, de qualquer forma, deve ser algo que se deseja viver, caso contrário se torna hipocrisia. Na Umbanda, temos muitas pessoas de boa vontade, mas que nem sempre param para pensar nas questões comportamentais. Coisas simples como: dentro de um grupo em que você é o líder, aprender a elogiar em público e chamar a atenção, apenas em ambiente privado. Pode até parecer bobagem, mas vemos muitas pessoas sendo expostas ao ridículo e sentindo-se constrangidas pela forma como são ou foram tratadas dentro de um Templo de Umbanda. Isso é possível aprender, assim como é possível aprender sobre organização, aprender e ensinar posturas comportamentais. Sim, é possível aprender muita coisa. Assim como, ao ser contratado por uma grande empresa, os funcionários passam por um treinamento em que serão orientados sobre como agir em cada situação, também precisamos refletir sobre como devemos nos portar em relação aos consulentes, aos outros médiuns, aos guias e Orixás.

No caso de um terreiro, tudo começa com o dirigente, o líder, pois o seu comportamento será reproduzido por seus médiuns, seus liderados. Se esse dirigente trata mal os consulentes, seus médiuns também adotarão esse comportamento; se ele trata mal os médiuns, eles também se tratarão mal uns aos outros. Até mesmo com relação às incorporações, segue-se este padrão: se o dirigente incorpora de uma forma violenta, isso se repetirá em sua corrente mediúnica; se suas entidades têm comportamento invasivo ou chulo, os demais se sentirão à vontade para assumir esse comportamento. Então entrará em questão o que chamamos de doutrina, dizemos que fulano não tem doutrina; portanto, voltaremos à questão inicial de caráter, verdade e retidão entre pensamentos, palavras e ações. Essas são algumas das questões tratadas nos estudos de sacerdócio, em que fica muito claro que não basta incorporar espíritos, ter boa vontade, ou ter sido coroado, feito obrigações. É preciso se preparar emocionalmente e racionalmente para lidar com pessoas e situações. É necessário ser um apaixonado pela vida e pelo ser humano e querer se aprofundar em si mesmo e crescer junto de seu grupo mediúnico.

Obs.:

Vontade é um anseio que não considera as consequências físicas ou psicológicas daquilo que deseja.

Necessidade é uma legítima exigência física ou psicológica para o bem-estar do ser humano.

Neuróticos são pessoas que assumem responsabilidades demais, acreditando que tudo acontece por sua culpa.

Sem caráter é aquele que não assume a responsabilidade por seus atos.

JUS 150 – 11/2012

Aprendiz de Magia[13]

Um aprendiz de ocultismo, na esperança de impressionar bem o seu mestre, leu alguns manuais de magia e resolveu comprar materiais indicados nos textos.

Com muita dificuldade, conseguiu determinado tipo de incenso, alguns talismãs e uma estrutura de madeira com caracteres sagrados escritos em uma ordem determinada. Vendo isso, o mestre comentou: "Você acredita que, enrolando fios de computador no pescoço, conseguirá ter a sabedoria da máquina? Acredita que, ao comprar chapéus e roupas sofisticadas, vai adquirir também o bom gosto e a sofisticação de quem os criou? Aprenda a usar os objetos como aliados, não como guias".

---

13. Fonte: www.colegiopenabranca.com.br, *Jornal de Umbanda Sagrada*. Ed. 43, autor desconhecido.

Sacerdote e Mestre Espiritual

"Quem tem uma forte mediunidade de incorporação, intuitiva e sensitiva e até de audição ou clarividência, mas não gosta de estudar e de aprender, nunca será um bom sacerdote de Umbanda. E quem gosta de estudar e aprender e tem outros tipos de mediunidade, mas não tem as três primeiras acima, também não será um bom sacerdote umbandista."
Rubens Saraceni[14]

Já dizia a máxima: "Quando o discípulo está pronto, o Mestre aparece". No entanto, há uma outra máxima que pouco se fala, o outro lado da moeda: quando o Mestre está pronto, os discípulos aparecem.

Todo sacerdote é um mestre e todo médium de seu templo é seu discípulo; caso isso não ocorra, algo está fora do contexto. O sacerdote pode ser mestre sem ter consciência de quem é ou o que é um mestre, no entanto, esse sacerdote pode não estar para seus médiuns como um mestre deveria estar para seus discípulos. Os médiuns podem não se dar conta de que são discípulos ou não aceitar essa posição, não terem postura de discípulo. Se houver uma relação de pai e filho, já existe a relação de mestre/discípulo.

Mas quem é o mestre? Antes de responder a essa pergunta é preciso dizer quem não é o mestre, desconstruir a falsa imagem de "mestre" e construir uma imagem real de quem ele seja.

Mestre não é um santo, iluminado ou um avatar. Mestre não é uma pessoa perfeita e não é o resultado da expectativa de seus

---
14. Rubens Saraceni. *Fundamentos Doutrinários de Umbanda*. Madras Editora, 2012, p. 89.

discípulos. Mestre não é um modelo de moral, mas deve ser um modelo de ética com a sua verdade, simplesmente porque a moral muda de cultura para cultura, muda de religião para religião; ética não muda, sua verdade deve estar acima da expectativa do outro. O maior valor do mestre está no interno (em quem ele é) e não no externo (como ele se comporta). Embora esse mestre deva inspirar confiança em seus discípulos, tendo um comportamento que transmita essa confiança, ele (o mestre) não deve ser nunca o resultado da expectativa do discípulo.

Em um templo de Umbanda, são nossos mestres: os sacerdotes, os guias dos sacerdotes, os guias dos outros médiuns e nossos guias. Quando chegamos a um templo de Umbanda para trabalhar mediunicamente ou desenvolver, somos recebidos pelo dirigente e ele deve ser reconhecido como nosso mestre e sacerdote. Esse é o primeiro mestre com quem temos contato na Umbanda, o sacerdote, depois vamos conhecendo os mestres pessoais de nosso sacerdote que são mestres daquela comunidade (templo). Eles, os guias do dirigente, se tornarão nossos mestres, e a missão maior desses mestres é nos ajudar a encontrar e estabelecer uma relação saudável com nossos mestres pessoais, nossos guias. Sim, nossos guias são nossos mestres pessoais, e a grande missão deles e também de todos os mestres é nos ajudar a fazer da vida o nosso mestre. O grande objetivo de todo mestre é conduzir o discípulo a tornar-se mestre de si mesmo para que um dia não tenha mais necessidade de mestres externos. Sim, o mestre não deve criar uma relação de dependência com seus discípulos, e sim ensiná-los a pescar e não apenas ficar oferecendo-lhes o peixe. Assim é certo que chegará o dia em que o discípulo se torna mestre e não mais precisará de seu mestre, mas continuará a tê-lo como seu mestre por profunda gratidão, amor e carinho.

Tornar-se mestre de si mesmo é aprender que todas as situações da vida são para seu crescimento, é assumir a responsabilidade de seu caminho e parar de delegar aos outros a sorte de seu destino. Tornar-se mestre de si mesmo é procurar curar suas dores e traumas, é querer crescer a cada dia com cada situação. Tornar-se mestre de si mesmo é abandonar o escudo de vítima e o lugar cômodo do fatalismo, passando a ser ativo em sua própria história e não um passivo de um destino fatalista. Tornar-se mestre de si mesmo é saber que somos maiores que carma e pecado; somos o motor e o agente de todas as ações e reações que acontecem em nossas vidas. Tornar-se mestre de si mesmo é na última e maior instância estar desperto, é acordar da sonolência em que todos estão mergulhados neste mundo. Tornar-se mestre de si mesmo é estar vivo de fato e não apenas de direito. Estar vivo de fato é viver para algo maior que apenas satisfazer suas necessidades biológicas e suas outras necessidades do ego. Por isso mesmo, muitos guias espirituais dizem que nós, encarnados, é que somos os "mortos" e eles, desencarnados, são os vivos. Eles são despertos, estão acordados, são nossos Mestres.

Dentro do universo espiritual há uma diferença entre um mestre e um instrutor (tutor, ministrante ou professor). O instrutor é aquele que o instrui, aquele que o informa, aquele que lhe passa conhecimento. O mestre é aquele que o acorda, aquele que o desperta, aquele que o liberta do ego e lhe inspira sabedoria. O instrutor lhe dá algo que ele tem e pode ser passado de um para o outro: o conhecimento. O mestre lhe inspira algo que não pode lhe dar nem passar, que é a sabedoria, e como a sabedoria real vem de dentro para fora esta só acontece por meio de uma transformação interior. O mestre o orienta com técnicas e métodos para se transformar interiormente, o mestre conduz seus discípulos em experiências que terão tamanho impacto que os transformarão como pessoa. O mestre transmite algo que vai além do discurso ou da doutrina; ele lhe ensina com atitudes, atos e gestos, com sua simples presença. Na jornada mediúnica de desenvolvimento o mestre o conduz na experiência do transe mediúnico, dos estados alterados de consciência, em que sua percepção está além do comum e em que muitas vezes o mestre está em você. Por meio da mediunidade de incorporação é possível ver o que o mestre vê, sentir o que ele sente, ouvir o que ele ouve e falar o que ele fala. Nós pensamos que estamos emprestando nossos sentidos e corpo para o mestre, mas é ele que naquele momento está se emprestando para nós e esse convívio é impactante e transformador do ser. Tudo isso é conduzido e orientado pelo dirigente espiritual e essa simples relação faz desse dirigente nosso mestre, afinal, sem o dirigente e seu trabalho não estaríamos tendo esse encontro com nosso mestre pessoal e não estaríamos nos transformando tanto como pessoa.

Se isso não estiver acontecendo algo está errado, pode ser que o médium esteja alheio a esse milagre. Pode ser que o médium esteja ali para incorporar apenas para fazer, mecanicamente, a caridade e conquistar um espaço no céu. Ele está dormindo, sonhando com uma vida de mentira, fazendo apenas um papel em seu teatro da vida em que ele quer ter para si a imagem de bom moço. Mas é para isso que existem os mestres e eles hão de acordar esse "bom samaritano" do seu sonho de "bondade" e "caridade" autômato, em que o único resultado seria a revolta de dizer que faz tanta caridade e nada muda em sua vida. E desses a Umbanda está cheia, assim como as outras religiões; são pessoas que ainda estão dormindo seu sonho de ilusão e mentira, ainda estão querendo comprar um pedaço no céu ou fugir de seus carmas para não encarnar mais. Estão trabalhando por obrigação de fazer o bem, e como toda obrigação gasta muita energia e tem pouco prazer com isso, querem que sua vida mude por resultado desse esforço, querem ser reconhecidos por realizar o bem. Eles se esquecem de que a virtude nunca pede recompensa por seu trabalho e, um dia, se darão conta de que a vida só muda com mudanças interiores e não apenas mudanças exteriores. E para ajudá-los a entender isso está a presença de seu mestre, que, se não conseguir, pode rejeitá-los para que a vida lhes dê a lição que não querem aprender com seu mestre.

Assim o mestre é um transformador, é um despertador, é um provocador, é um instigador, é um homem ou mulher que vive sua verdade e vê de longe aqueles que não estão em sua verdade. O mestre está desperto e vê de longe os que estão dormindo. Ele realiza uma operação e isso pode ser doloroso, pois não há mudanças reais sem dor, simplesmente porque existe o apego ao ego e à imagem criada ao longo dos anos. Por mais que seja difícil passar pela dor, é justamente nela que estão as grandes oportunidades de crescimento, na dor muitas vezes está a oportunidade de acordar para uma verdade maior, na dor somos obrigados a sair do lugar-comum, na dor saímos de nosso comodismo, na dor podemos ir fundo dentro de nós mesmos, nas dor aprendemos lições eternas, boas ou ruins.

Cada discípulo tem o mestre que merece e cada mestre tem os discípulos que merece, no entanto nada é imposto. Ninguém é obrigado a ser discípulo de alguém, assim como nenhum mestre é obrigado a aceitar alguém como seu discípulo. O discípulo escolhe seu mestre e o mestre aceita ou não seu discípulo. O discípulo-médium deve escolher seu mestre-sacerdote por afinidade, deve procurar conhecê-lo, conhecer seu trabalho, frequentar e sentir se o seu templo é um lugar onde se sente bem e em casa. O sacerdote-mestre não tem a obrigação de aceitar como médiuns todos que aparecem em seu templo com a intenção ou necessidade de desenvolver e trabalhar sua mediunidade.

Principalmente quando se realiza um bom trabalho, muitos médiuns se interessam em fazer parte desse grupo mediúnico, o que implica fazer parte desse templo e tornar-se filho-discípulo desse sacerdote, aceitando sua doutrina, ritual e método de trabalho. Muitos têm a intenção de desenvolver a mediunidade, mas não estão prontos; outros têm a necessidade de trabalhar sua mediunidade "em algum lugar", mas não têm afinidade real com sacerdote. Muitas vezes o templo é bom, mas não quer dizer que é bom para você frequentar, os templos têm grupos de afinidade diferentes. Há templos frequentados apenas por gente jovem, templos frequentados apenas por gente mais velha, templos mais católicos, mais espíritas, mais afros, mais xamânicos e outras formas de afinidade em grupo.

Dessa forma, há pelo menos três situações em que esse sacerdote pode recusar ou se negar a receber como médiuns pessoas que:

• **Não têm maturidade** para o desenvolvimento mediúnico e não estão prontos para assumir as responsabilidades que esse caminho implica,

• **Não têm afinidade** com a pessoa do sacerdote ou sua forma de realizar seu trabalho mediúnico e

• **Não aceitam** estabelecer uma relação entre discípulo/mestre com seu sacerdote, querem se desenvolver ou apenas trabalhar sua mediunidade naquele templo, mas não aceitam estar "abaixo" do sacerdote. Querem ser sacerdotes do templo alheio; ainda não foram filhos de fato e já querem ser pai ou mãe. Querem ser mestres de seus mestres, não estão abertos a aprender e muito menos a se tornarem discípulos de alguém que não seja perfeito, santo e iluminado.

Melhor recusá-los que colocar todo um trabalho a perder. A única ressalva é no caso de os guias espirituais desse sacerdote, de seus mestres pessoais, pedirem, determinarem ou exigirem a aceitação desse ou daquele médium. Caso eles o tenham convidado para fazer parte da corrente mediúnica, ainda assim, caso não haja um "ajuste de conduta", esse médium pode ser convidado a se retirar para que trabalhe sua mediunidade sozinho ou procure outro templo de Umbanda.

Mestre e Discípulo

Por Alexandre Cumino

Cada mestre tem o discípulo que merece.
Cada discípulo tem o mestre que merece.

Quando o discípulo está pronto, o mestre aparece.
Quando o mestre está pronto, o discípulo aparece.

Quando o discípulo não está pronto, um mestre que não está pronto aparece.
Quando o mestre não está pronto, um discípulo que não está pronto aparece.

Quando o discípulo é falso, um falso mestre aparece.
Quando o mestre é falso, um falso discípulo aparece.

Quando o discípulo se ilude, um mestre iludido aparece.
Quando o mestre é iludido, um discípulo que se ilude aparece.

O discípulo vê no mestre o seu espelho.
O mestre deve quebrar o espelho.

O discípulo projeta sua imagem no mestre.
O mestre revela ao discípulo o seu eu.

O discípulo procura o mestre exterior.
O mestre lhe mostra o mestre interior.

Então o discípulo descobre o mestre interior.
O mestre exterior desaparece.

O discípulo torna-se mestre de si mesmo.
O mestre se vê em outro mestre.

O mestre torna-se mestre-discípulo!
O discípulo torna-se discípulo-mestre!

Agora discípulo-mestre e mestre-discípulo são apenas duas almas que se encontram, além das palavras, a transmissão é direta pelo coração.

Assim é a relação entre mestre e discípulo.
Assim deve ser a relação entre sacerdote e médium.

A Relação entre Sacerdote-Médium

"O perigo do mestre é que, se nos aproximamos muito, nos queimamos; se nos afastamos, não recebemos calor."
Provérbio sufista

Já falamos que essa é uma relação mestre-discípulo. Deve-se criar um ambiente de confiança e verdade. Para criar confiança, demanda tempo e esforço; só com essa confiança é que um médium pode aprender algo com seu sacerdote ou com os guias de seu sacerdote. Caso contrário, estará sempre questionando, sempre com "o pé atrás". Sem essa confiança, sem entrega da parte do médium, não há uma relação sacerdote-médium de verdade; o discípulo-médium não estará em sua verdade. Não estará pronto a aceitar o que lhe for proposto como atividade ou exercício nem o que lhe for dito será recebido de "peito aberto", assim sempre haverá um "se não". Não estou dizendo que o discípulo-médium deve ter uma cegueira e aceitar tudo sem o olhar da ética ou do bom senso. Por isso mesmo o sacerdote é quem deve criar essa relação de confiança com sua postura ética e procurando sempre usar o bom senso. Dessa forma, vai criando uma relação que progride para a confiança, sabendo que, uma vez quebrada essa confiança, pode-se não recuperá-la jamais. Leva-se tempo para conquistar confiança e às vezes segundos para perdê-la, e é por isso que é melhor estar na sua verdade e mostrar sua verdade do que se encobrir com um manto de vaidade ou soberba, arvorando-se a "dono da verdade" ou "dono da razão".

Ainda assim, o sacerdote deve ter ainda muito cuidado para não cair na falsa humildade, na humildade forçada, o que pode vir a se tornar hipocrisia e é difícil de ser mantida. Muito apego à auto imagem de humilde coloca o sacerdote fora de sua verdade. Todos à sua volta percebem com o tempo que isso é uma fraqueza, que é uma imagem forjada, melhor ser você mesmo que tentar ser algo que não é. Afinal, a roupa não faz o santo, o hábito[15] não faz o monge; sua aparência ou seu comportamento externo não diz quem você é no interno. O interno, com verdade, se revela para o externo, mas um interno vivido sem verdade não se revela para o externo. Assim, não se julga o livro pela capa, mas é certo dizer que a maioria das pessoas compra um livro pela capa e só depois vai descobrir se era um bom livro ou não. Um sacerdote não pode ser apenas uma capa bonita, deve ter conteúdo e verdade. Assim, independentemente de qual seja o conteúdo, é melhor que haja transparência da capa para seu conteúdo, transparência do interno para o externo. Se o externo revelar o interno, ele está em sua verdade, e seja qual for essa verdade, haverá médiuns-discípulos que também querem essa verdade, médiuns que estão junto com ele nessa verdade, seja ela qual for.

Melhor, muito melhor que ser um falso santo é ser um amigo verdadeiro, ser alguém que tem defeitos mas está na verdade. Alguém que tem consciência de sua verdade sempre tem muito a ensinar como orientador. A maioria das pessoas não vive sua verdade, elas estão vivendo suas máscaras, seus papéis e imagens. Principalmente no meio religioso isto está acontecendo o tempo todo, a grande maioria das pessoas acaba acreditando que ao fazer parte de uma religião vai ter de se tornar santos e santas. Essa ideia é o que cria a hipocrisia religiosa, que na Umbanda já começa no desenvolvimento, em que o médium confunde doutrina com curso para santo. Confundem-se certos cuidados com alimentação e sexo, por exemplo, com uma vida de restrições e repressão. Vai criando uma tensão entre a identidade real e a identidade de santo que quer assumir no externo sem ter se tornado um santo no interno. Cuidar de seu comportamento, aprender a ser uma pessoa educada, ser um cavalheiro ou ser uma dama nada tem a ver com vestir-se de santo. E claro que essas palavras, assim como a ideia de estar em sua verdade, não justificam grosseria e estupidez. Seja você mesmo, mas se esforce para se tornar alguém melhor internamente. Não é seu

---
15. Hábito é a vestimenta do monge.

comportamento exterior que irá torná-lo um santo ou iluminado. Nem é esse o objetivo, o objetivo é encontrar sua verdade, que é diferente da verdade do outro.

Um filho de Ogum tem a verdade diferente do filho de Oxalá e seu comportamento interno e externo nunca será igual.

O médium precisa de espaço para poder falar o que sente, precisa se sentir seguro.

O sacerdote não é resultado da expectativa do médium, assim o médium não deve se relacionar com a figura do sacerdote que ele mesmo idealizou em sua cabeça. É preciso quebrar essa imagem e reconstruir no lugar a imagem real, ou seja, a quebra de todas as expectativas de como o sacerdote deve ser para a aceitação de como ele é. Assim o sacerdote vai aos poucos mostrando que a grande diferença entre ele e o médium é sua responsabilidade com o templo, com a corrente mediúnica e a missão assumida; no entanto, ele é um médium que passou por todas as dificuldades que todos os médiuns passam. Dessa forma, o médium deve ver seu sacerdote como alguém como ele, que vive com as mesmas dificuldades, que não é um eleito, iluminado, mestre ascensionado nem santo ou, tampouco, um avatar. E o respeito ao sacerdote deve aumentar ainda mais, considerando que assumiu sua missão apesar de todas as dificuldades humanas, aceitou ter essa responsabilidade mesmo com suas inseguranças. Mostrando-se dessa forma, o sacerdote não precisará tentar se impor pela força, mostrar sua fraqueza pode ser uma demonstração de força. Quando um sacerdote mostra sua fraqueza de forma voluntária, conquista a admiração de seus médiuns, por estar se mostrando transparente e sem máscaras. O sacerdote que tem medo de mostrar-se como realmente é pode cair no erro de criar máscaras para si mesmo, e para manter essa imagem haverá de mentir ou tratar os médiuns como "seres inferiores" apenas por ter ele mesmo, o sacerdote, uma grande insegurança. Como é muito comum ter insegurança, também é comum ter medo de mostrar essa insegurança e, por consequência, é comum encontrar sacerdotes com posturas de vaidade, soberba, arrogância, apenas para encobrir sua insegurança com uma imagem de quem sabe tudo. E como ninguém sabe tudo, sempre que se deparara com um questionamento que não sabe responder acabará dizendo ao médium que não é a hora de ele aprender tal coisa e que não deve questionar.

Então é importante encontrar um equilíbrio entre a sinceridade, a transparência de mostrar-se e, ao mesmo tempo, não abrir mão de seu lugar de Mestre e Orientador. O mestrado deve se exercer com verdade e honestidade, e o posto de orientador não deve ser abandonado nunca; no entanto, há sempre a hora certa para falar e orientar. Há também a maneira correta, não expondo o médium nem o constrangendo. Mas muitas vezes é preciso ser firme e, para tal, é imprescindível saber o que está fazendo, estar seguro de sua orientação, e, para tal, é determinante uma conexão com a espiritualidade e a vontade real de ajudar tal pessoa, o médium.

Orientar não é fácil, é algo que deve ser aprendido ao longo dos anos com seus guias e mentores e com aquele que foi seu sacerdote. Quem não foi um bom filho haverá de ter dificuldade em ser um bom pai. Aquele que não foi um bom discípulo não será um bom mestre. Antes de ser pai ou mestre é preciso ter sido filho ou discípulo. Nem todos os médiuns de Umbanda tiveram um sacerdote, alguns se desenvolveram sozinhos ou muito pouco frequentaram algum terreiro ao qual logo descobriram não ter afinidade e foram chamados por seus guias para assumir um trabalho espiritual. Estes devem aprender a ser bons filhos e bons discípulos de seus guias, de quem não podem esconder nem dissimular nada. Devem aprender a encontrar a verdade com seu mestre espiritual, com seu mestre interior e com sua consciência.

O Mestre Embriagado

Diz a lenda que, em uma comunidade sufi (ou zen-budista, quem sabe?), um discípulo esperava havia horas a chegada de seu mestre, em frente à porta de sua simples e humilde "choupana", sentado nos degraus que levam à porta de entrada.

E esse discípulo esteve ali o dia inteiro esperando, ansioso e cheio de expectativas para encontrar o mestre e expor suas dúvidas sobre a senda, o caminho, o TAO ou sabe lá o que esse discípulo julgava intelectual e teoricamente tão importante para passar o dia todo na soleira da porta de seu mestre.

Então passou o dia, a tarde, chegou a noite e já de madrugada o jovem discípulo avista o mestre vindo de longe totalmente embriagado, trançando as pernas, mal conseguindo se manter de pé. Ao chegar próximo de seu casebre, o mestre solicita ao jovem aspirante auxílio para subir os "três degraus" que conduzem à porta de sua morada.

O discípulo está contrariado, decepcionado e desiludido, afinal o mestre acaba de frustrar todas as suas expectativas de como deve ser, agir e se portar um mestre de "verdade". Muito a contragosto, já pensando em se retirar da presença do mestre, o jovem o auxilia a subir os degraus, abrir a porta e sentar-se em sua cama.

Ali dentro do casebre havia apenas a cama e um aparador onde se encontrava a água e uma cuia, revelando o ambiente simples e sóbrio como reflexo da vida daquele morador.

Ao sentar-se, o Mestre já não parecia mais embriagado e então afirma que pelo auxílio concederia ao discípulo a oportunidade de perguntar o que quisesse que ele responderia.

Mas nesse exato momento o jovem vacilou, ele se encontrava confuso e perdido em seus próprios pensamentos e divagações. Estava muito ocupado julgando seu Mestre na qualidade de embusteiro, bêbado, viciado, louco, perdido ou enganador. Nesse momento, com um tapa bem dado em seu rosto, o Mestre o retirou de sua divagação, o Mestre o retirou do mundo dos pensamentos. Com esse movimento, o discípulo foi trazido de volta ao mundo do presente e por um segundo entrou no mundo do não pensamento. Nesse instante, o Mestre tocou sua fronte com o dedo indicador, transmitindo-lhe uma certa energia e força até então desconhecida para o discípulo.

No mesmo instante o jovem perdeu os sentidos, sentiu-se ele também embriagado, foi mesmo uma sensação incrível, estava embriagado por uma força, algo havia lhe acontecido e agora já não podia falar nada e nem mesmo pensar, estava em uma outra realidade. Algo de divino e sagrado aconteceu àquele discípulo, ele pode experimentar um êxtase espiritual ou religioso, pela benevolência do Mestre e sua interseção ele pôde sentir um átimo da iluminação, a embriaguez dos santos, o vinho do místico.

Ao recobrar sua consciência, encontrou seu Mestre sorrindo, ao que lhe disse apenas estas poucas palavras:

_ Não julgue o que está além de você mesmo, não crie expectativas, não idealize seu Mestre e não confunda o homem com o Mestre ou o Mestre com um discípulo.

Observação: Nas tradições místicas, como o sufismo e mesmo alguns seguimentos zen, o estado místico, o transe, é visto como uma embriaguez seguida, e esse é o ponto desse texto.

Para reflexão, podemos pensar na linha de marinheiros e na embriaguez com a energia do mar.

Amor e Disciplina

Por Alexandre Cumino

O discípulo ama o mestre por quem ele é e quer aprender com ele. Esse amor cria uma transmissão especial, o amor cria uma transmissão além das palavras. Se há amor existe o mestre, sem amor não há o mestre, sem amor o que há é decepção, desilusão, vazio, perda, abandono e nada disso é real, é apenas uma imagem criada por sua mente em desamor. A carência mata a possibilidade de uma relação real. Sem amor não existe o mestre, e mesmo que ele seja duro e exigente, isso é amor. O desamor é indiferente, a mãe que ama cuida, educa e disciplina.

A palavra discípulo vem de disciplina, discípulo é aquele que segue uma disciplina. Discípulo não é alguém que imita o mestre, o discípulo não é um puxa-saco, o discípulo não é quem decora todas as palavras do mestre, discípulo não é quem vasculha e estuda a vida de seu mestre, discípulo é simplesmente quem segue a disciplina oferecida pelo mestre. O mestre não impõe a disciplina, o discípulo se autoimpõe a disciplina, que é oferecida pelo mestre. Mesmo que o mestre seja uma pessoa austera e severa, este é o seu amor. Veja o mestre como ele é e não como você quer que ele seja.

O "Mau Sacerdote" ou o "Falso Mestre"!

"Eis aí um exemplo do mau uso do saber, Eles aprenderam tudo o que precisavam para suas missões na Terra, mas não seguiram o que pregavam. Usaram o que sabiam em benefício próprio ou para arruinar os que acreditaram neles."
Guardião dos Sete Portais[16]

Não existe mestre sem discípulo e muito menos discípulo sem mestre. No entanto, ainda assim o que regula esse encontro é a lei das afinidades e também a lei do aprendizado, que traz a cada um a experiência que precisa viver naquele momento a fim de receber o aprendizado certo na hora certa. Muitas vezes uma experiência ruim é o aprendizado certo e necessário. Já comentamos que:

"Quando o discípulo está pronto, o mestre aparece."
"Quando o mestre está pronto, o discípulo aparece."

E seguindo esse raciocínio podemos estender o conceito para:

"Quando o discípulo não está pronto, um mestre que não está pronto aparece."
"Quando o mestre não está pronto, um discípulo que não está pronto aparece."

---

16. Rubens Saraceni, *O Guardião da Meia-Noite,* Madras Editora.

Essa é a relação entre o discípulo e o mestre,
Essa é a relação entre o sacerdote e o médium.

Existe uma diferença entre um mestre que ainda não está maduro e um falso mestre ou um mau sacerdote. Essa é a diferença entre quem está verde (não maduro) e quem está podre. O não maduro pode ainda amadurecer, mas aquele que está "podre" geralmente não está disposto a mudar e muito menos a aprender nada de novo, até mesmo porque muitas vezes aprender o novo implica desaprender ou reciclar o velho.

No entanto, nunca será o sacerdote errado. Se o sacerdote não está maduro, não está pronto, é sinal que o discípulo também não estava pronto para um sacerdote pronto e que ali está sua lição adequada ao momento. Se o discípulo amadurecer antes do sacerdote, ele deverá procurar um outro sacerdote, maduro, ou assumir seu próprio trabalho. Caso o sacerdote esteja "podre", quero dizer "estragado", então por mais que seja um "mau sacerdote" ainda assim não é o sacerdote errado, algo o médium tem para aprender com esse sacerdote. Com certeza não foi à toa que chegou ali, no mínimo tem de aprender como não se tornar, no futuro, um mau sacerdote.

"Um ditado sufista diz que o verdadeiro mestre não se busca, aparece quando o discípulo está preparado para receber os conhecimentos que lhe serão dados. E os sufistas esclareceram que, se alguém caiu na armadilha de um falso mestre, foi porque não estava preparado para distinguir entre o verdadeiro e o falso, e essa experiência lamentável, a de se ver manipulado por um falso mestre, não o prejudicará, mas sim o ajudará a distinguir entre a verdade e a falsidade, convertendo sua busca em algo instrutivo que lhe permitirá reconhecer o verdadeiro mestre."[17]

Jorge Blasche

A relação mestre e discípulo é a mesma relação sacerdote e médium, e sempre há o enfrentamento entre um e outro, o que é normal, levando-se em consideração que cada pessoa é um universo particular, influenciada por sua origem consanguínea e o meio em que vive. Os choques são inevitáveis, as expectativas e a imaturidade do discípulo sempre ofuscam a imagem real do sacerdote, algo que já foi tratado anteriormente. Dessa forma, muitas vezes o discípulo julga como um mau

---

17. Jorge Blaschke, *Além de Osho*, Madras Editora, 2010, p. 29.

mestre ou mau sacerdote alguém que é simplesmente humano como ele. Se abandonarmos todas as expectativas, vamos ver no mestre um ser humano igual ao discípulo; e se a gente trouxer isso para a Umbanda, a realidade é mais chocante ainda pelo fato de que muitos sacerdotes são apenas instrumentos dos mestres que o incorporam e não fazem questão de se tornarem eles também mestres de si mesmos e de seus discípulos. Isso é comum e aceito na Umbanda, o que quer dizer que muitos que ocupam a função de dirigentes estão ali apenas como médiuns e pouco fazem para crescer na qualidade de sacerdotes e mestres de seus médiuns-discípulos. E graças a esse fato, o grau de decepção dos médiuns com seus dirigentes ("sacerdotes" -?) é muito grande. E ocorre ao descobrirem que aquela pessoa que eles imaginavam superior é um igual a todos os outros que têm vícios e virtudes, qualidades e defeitos. Alguém que se pode encontrar um dia nervoso, outro dia feliz, decepcionado, com raiva, etc. Há uma desilusão com esse dirigente, e muitas vezes essa desilusão é transferida para a Umbanda, a qual o médium abandona como se fosse a culpada de tal frustração. Nem tanto ao céu, nem tanto à terra.

Mesmo uma pessoa comum com boa mediunidade, sem interesse em se tornar um mestre ou mesmo se lapidar como sacerdote, pode ser um bom dirigente, independentemente de suas limitações, as quais todos temos. Então, o que devemos estabelecer é um limite ao qual nos pautar para saber se a relação é saudável ou não, até onde estamos nos relacionando com um mau sacerdote ou apenas com um dirigente tentando fazer seu melhor, e às vezes errando como todos os outros. Uma coisa é fato: deve-se ter como mau sacerdote aquele que é mal-intencionado, mau sacerdote é o sacerdote manipulador e que se move por interesses mesquinhos. É um mau sacerdote aquele que tenta tirar proveito das pessoas a seu redor e que pensa exclusivamente no que pode ganhar nessas relações doentias e desequilibradas. Sempre que existe um mau sacerdote, de fato, logo o seu grupo se torna um grupo de fanáticos, onde a imagem do sacerdote está acima de tudo, inclusive da espiritualidade. O encarnado safado é mais importante que todos os mestres espirituais juntos, e, quando não, intitula-se a reencarnação de algum avatar ou iluminado. Para todo tipo de pessoas haverá discípulos prontos para servir. Muitos estão prontos para ser humilhados, prontos para ser explorados, prontos para encontrar o seu papel de vítima, onde nenhum encontro está ao acaso.

Se seguir certa doutrina implica agredir o outro que segue outra doutrina, então isso é fanatismo. Pense bem e olhe de fora da situação, pois o peixe pode nunca entender o que é água até estar fora da água, mas aí pode ser tarde. Lembre-se: o peixe morre pela boca.

Para fechar esse assunto, coloco abaixo mais um excelente texto de Jorge Blaschke que figura o contexto e dá umas dicas para não cair nas malhas de um mau sacerdote e seu grupo sectário:

> *"Todo buscador de um mestre espiritual pode cair no erro de se aproximar de um grupo sectário. A esse respeito, vamos dar uma série de conselhos para conhecer esses grupos tão perigosos. Trata-se de uma série de tópicos revelados por Daniel Goleman, autor de* Inteligência emocional. *Segundo Goleman, entende-se como seita aquele grupo no qual há vaidade, busca de poder e protagonismo de seus representantes; onde há perguntas que não podem ser feitas; existem segredos em círculos internos que são cuidadosamente guardados; há imitadores do líder do grupo, que caminham como ele, vestem-se como ele, falam como ele, etc. Existe um pensamento coletivo comum a todos e ninguém oferece nenhuma alternativa; há um escolhido; não há outra via a não ser a exposta pelo grupo; existem sintomas de fanatismo pelo líder, pelo grupo e pela via a seguir; há um trato comum para todos, os ensinamentos estão programados; exige-se uma prova de lealdade fazendo algo; a imagem do grupo, exteriormente, é distinta daquela praticada no interior; tem-se uma visão singular do mundo para explicar todas as coisas e estão desqualificadas as explicações alternativas; não existe o humor, estão proibidas as irreverências. Certamente, se compararmos os tópicos de Goleman com muitas religiões atuais, teremos a impressão de que, em sua maioria, são sectárias. A diferença entre uma religião e uma seita estará em seu compromisso democrático, em sua capacidade de diálogo e tolerância com outras crenças e seu respeito às ideias e aos pensamentos dos seres humanos."* [18]

---

18. Jorge Blaschke; *Além de Osho: as chaves de seus Best-sellers: ideias, ensinamentos e a mensagem do grande mestre.* tradução Mariana Marcoantonio. São Paulo: Madras Editora, 2010.

Lenda Hindu da Serpente e do Santo

Por Chico Xavier/André Luiz[19]

Contam as tradições populares da Índia que existia uma serpente venenosa em certo campo. Ninguém se aventurava a passar por lá, receando-lhe o assalto. Mas um santo homem, a serviço de Deus, buscou a região, mais confiando no Senhor que em si mesmo. A serpente o atacou, desrespeitosa. Ele dominou-a, porém, com o olhar sereno, e falou:

– Minha irmã, é da lei que não façamos mal a ninguém.

A víbora recolheu-se, envergonhada. Continuou o sábio o seu caminho e a serpente modificou-se completamente. Procurou os lugares habitados pelo homem, como desejosa de reparar os antigos crimes. Mostrou-se integralmente pacífica, mas, desde então, começaram a abusar dela. Quando lhe identificaram a submissão absoluta, homens, mulheres e crianças davam-lhe pedradas. A infeliz recolheu-se à toca, desalentada. Vivia aflita, medrosa, desanimada. Eis, porém, que o santo voltou pelo mesmo caminho e deliberou visitá-la. Espantou-se observando tamanha ruína.

A serpente contou-lhe, então, a história amargurada. Desejava ser boa, afável e carinhosa, mas as criaturas perseguiam-na e apedrejavam-na. O sábio pensou, pensou e respondeu após ouvi-la:

– Mas, minha irmã, houve engano de tua parte. Aconselhei-te a não morderes ninguém, a não praticares o assassínio e a perseguição, mas não te disse que evitasses de assustar os maus. Não ataques as criaturas de Deus, nossas irmãs no mesmo caminho da vida, mas defende a tua cooperação na obra do Senhor. Não mordas nem firas, mas é preciso manter o perverso a distância, mostrando-lhe os teus dentes e emitindo os teus silvos.

---

19. Chico Xavier/André Luiz. *Os Mensageiros*. Federação Espírita Brasileira, 1944.

Experiência Sacerdotal com o Ego

"Quem conhece os outros é inteligente, mas quem conhece a si mesmo é sábio."
"Quem vence os homens é forte, mas quem vence a si mesmo é poderoso."
Tao Te King

  Em junho de 2013, depois de passar por uma situação em que uma médium se afastou do templo sem dar satisfação, apenas comunicando por um e-mail impessoal, senti que aquele gesto era de um profundo desrespeito com seus dirigentes/sacerdotes, com seus irmãos, com os guias, Orixás e com o templo em si. A primeira reação foi colocar a "culpa" na médium sem "respeito", mas, após uma reflexão, assumi minha responsabilidade por não tê-la orientado de forma mais adequada.
  Primeiro passei por um sentimento de culpa, e foi conversando com os médiuns do templo que troquei a "culpa", inútil e desnecessária, pela responsabilidade. Assumi minha responsabilidade por não ter identificado antes esse seu comportamento e tê-lo corrigido, ou a afastado do ambiente sagrado do templo. Assumi que não podemos cobrar o que antes não oferecemos, assumi que os erros de um médium como filho refletem os erros do sacerdote como pai, assumi que as falhas do orientado revelam as falhas de seu orientador. Nem sempre isso é uma regra, mas sempre deve ser objeto de reflexão, chamar a responsabilidade para si. No mínimo, o orientador, sacerdote, pai espiritual, deve conhecer de

perto seus médiuns, o suficiente para identificar se a sua postura religiosa interna é adequada ou não.

Assumi a responsabilidade por não ter a postura mais adequada enquanto sacerdote, que viesse a despertar de uma forma natural a postura mais adequada nos médiuns enquanto "filhos", dentro de uma estrutura religiosa de templo umbandista.

Ainda questionei: por que o Caboclo ou outro dos guias que me assistem não revelaram antes, a mim, a postura dessa médium? Por que não a orientaram com relação à sua postura, já que eles podem ver muito além de meu olhar falho, limitado e encarnado? A resposta é simples: eu também tenho algo a aprender com as situações que acontecem dentro do templo. Também é minha a responsabilidade de ver e enxergar cada médium que faz parte da corrente.

Eu já vinha sendo orientado e chamado a atenção, há anos, pelo Caboclo Pena Branca, que me dizia: "Dentro de um templo, de uma comunidade religiosa, não basta ter respeito, o respeito deve ser demonstrado; não basta ter humildade, a humildade deve ser demonstrada, até que se torne algo natural". Algumas vezes me ordenou que sentasse à frente do altar e determinasse que os médiuns, um por um, viessem bater cabeça para mim e para o altar. Eu tinha um problema com relação ao ato de baterem cabeça para mim e de dar a bênção a quem me pedia. O problema era o apego ao desapego, eu era apegado à ideia de passar uma imagem de pessoa desapegada do ego, ou seja, "humilde".

Eu acreditava que bater cabeça para o dirigente era um movimento do ego de muitos sacerdotes, que usavam de tal ato para se sentirem exaltados à custa da humilhação alheia. Eu via esse gesto, de bater cabeça, como algo imposto e não como algo natural, espontâneo e de demonstração do afeto e respeito pelo dirigente. O que é uma contradição, pois sempre que possível, em ambiente e contexto ritualístico, eu já batia cabeça para meu Pai Espiritual, Pai Rubens Saraceni, o que sempre me deu um sentimento bom, de satisfação, em reverenciá-lo.

Mas o fato é que eu me achava melhor do que os outros sacerdotes por não permitir que ninguém batesse cabeça para mim. O desapego forjado não é um desapego de fato, e sim um comportamento antinatural, e embora ajude a evitar maiores problemas com o ego alheio, muitas vezes revela a distância entre o lado interno (sentimento) e o externo (comportamento) do médium. Essa postura é percebida pela espiritualidade como uma falta de maturidade, compreensível para os mais evoluídos, mas que, para os encarnados, que percebem, fica algo de falso ou forçado no ar, uma falsa humildade.

Mas como o objetivo é aprender e refletir sobre a origem de nossos sentimentos e comportamentos dentro do ritual, de nossa postura religiosa e sacerdotal, compartilho uma lembrança que me ajudou a entender a origem desse meu comportamento. Logo que entrei para a Umbanda, passei a visitar alguns terreiros na tentativa de compreender melhor a religião e, em uma dessas visitas, acabei conhecendo um templo em que o sacerdote era muito arrogante e soberbo, ele estabelecia uma relação de medo, submissão e humilhação com seus discípulos, médiuns de seu templo. Ali aprendi tudo o que eu não queria ser como dirigente ou sacerdote, não aceitaria nunca uma relação como aquela, de medo, com meus médiuns, e acabei confundindo o comportamento de respeito com o comportamento de submissão. Afinal, se há amor e o respeito não é imposto, e sim conquistado, essa relação de reverência se torna uma relação saudável, não há humilhação, mas orgulho do médium em relação ao seu sacerdote. E caso essa relação não seja conquistada, de fato, médium e sacerdote devem rever a sua verdade e o seu papel dentro desse contexto.

Essa foi parte de minha lição, havia também uma grande dificuldade em aceitar ser chamado de pai ou mestre, o que, nesse caso, também revelava algo a mais que precisava ser trabalhado em minha postura sacerdotal. Eu "preferia" ser chamado de irmão pelos médiuns que estavam sob a minha tutela e orientação, eu os identificava como "filhos da casa", ou filhos do Caboclo Pena Branca, e tinha dificuldade em aceitá-los como meus filhos espirituais. Sempre acreditei que ser chamado de "Pai" era algo muito forte e que implicava uma carga emocional a qual eu ainda não estava preparado para sustentar. Nunca abri mão de ser orientador, tutor e dirigente; no entanto, não tinha ainda uma postura de "Pai" para oferecer aos meus médiuns, que lhes permitisse estar como "filhos" diante de mim.

Sim, eu me considerava irmão, o "irmão sacerdote" daqueles que me escolheram para tal. A verdade é que cada um dá o que tem e cada um faz o que pode. Até esse momento, junho de 2013, eu não tinha essa condição de estabelecer uma "família espiritual" e não apenas um "grupo espiritual".

Hoje eu compreendo o tipo de relação que se estabelece entre um pai espiritual e seus filhos espirituais, é uma relação de muito mais proximidade e de maior cuidado. Implica, sim, uma responsabilidade maior por parte de ambos, mas o que se ganha em troca é uma família espiritual umbandista, o terreiro passa a ser uma comunidade muito mais calorosa, aconchegante e próxima.

Podemos concluir que "bater cabeça" e "pedir a bênção" são atos e gestos ritualísticos importantes, tanto para quem está sendo saudado quanto para quem está saudando. Nesse momento, o sacerdote pede a Deus e a seus guias e Orixás que abençoem esse filho que lhe presta reverência. O ato gestual e ritualístico de saudação cria uma egrégora hierárquica semelhante às dimensões naturais, com suas hierarquias naturais regidas por nossos Pais e Mães Orixás. Bater cabeça é algo extremamente simbólico e agregador de sentido para nossa religião e nossas vidas, que cada um de nós tenha orgulho de bater cabeça para e na UMBANDA.

Também devo agradecer ao "Pai Rubens Saraceni" e à "Mãe Alzira Saraceni", que anos atrás já assumiram essa postura de "pai" e "mãe" diante de todos nós, seus filhos espirituais. Se não fosse por vossa postura, eu também não conseguiria assumir a minha. Agradeço ao "Pai Ronaldo Linares", que antes ainda já havia assumido essa postura como um modelo para nossa religião. Pai Ronaldo, que é meu "avô" na hierarquia, sempre vai ser um exemplo de postura correta e acolhimento de seus filhos.

Pai da Ignorância

– Meu filho, são muitos os chamados e poucos os escolhidos.

– Pai, quem são os chamados e quem são os escolhidos?

– Meu filho, é mais fácil um camelo passar no buraco de uma agulha que um rico ir para o céu.

– Meu filho, o caminho que leva ao céu é o caminho da porta estreita, o outro, da porta larga, leva aos infernos.

– Meu filho, a senda do iniciado é árdua e cheia de obstáculos. Apenas os iluminados alcançam a luz.

– Mas se são iluminados, por que precisam de luz?

– Meu filho, continue pisando nos espinhos com resignação, e um dia você encontrará a flor que exala o perfume da iniciação. Não almeje aquilo que não está ao seu alcance; seja humilde e continue debaixo do meu pé.

LEMBRE-SE: Os humildes herdarão o reino dos céus. Não me faça mais perguntas, pois você ainda não está preparado para ouvir as respostas. Siga meu exemplo, e quando eu morrer, quem sabe, você ocupe o meu lugar.

Ninguém precisa estudar; eu mesmo não estudei. Estudar para quê? A revelação não cabe em livros ou cursos, a senda da iniciação é para poucos. É passada apenas de boca para ouvido, não pode ser escrita. Dê de graça o que de graça recebeu. Mesmo que não tenha recebido nada.

Não estude e não deixe estudar, quanto menos souberem, melhor. Não precisamos de nada nem de ninguém. Somos a elite! Elite da ignorância.

Convencemos no grito e argumentamos com o silêncio e olhar inquisidor.

O outro é nada! Eu sou tudo!

Domine o desinformado com a força da arrogância. Quer saber o que é Umbanda? Beije minha mão! Bata a cabeça em meus pés, abaixe o olhar, me chame de mestre, e pai... Pai da ignorância.

JUS 119 – 5/2010

O "Bater Cabeça": Por quê, Para Quem, Como, Quando e Onde?

*"O Reino de Deus Está em Ti e à Tua Volta, não em templos de madeira e pedra.
Parte um pedaço de madeira e ali estarei.
Ergue uma pedra e me encontrarás.
O Reino não virá como esperado.
O Reino do Pai está espalhado sobre a Terra,
E os homens não o veem."*
Evangelho Gnóstico e Apócrifo de São Tomé

Alguns elementos da liturgia de Umbanda nos confundem e nem sempre encontramos resposta ou orientação. É o caso do procedimento ritualístico de "bater cabeça", termo que usamos para designar o ato de saudar de forma reverente, encostando a cabeça no chão. É comum, na Umbanda, observar que nem sempre o que se adota em uma casa (terreiro, templo, tenda...) tem valia em outra casa, podendo até ser interpretado como desrespeito ou ignorância.

Saudação, Reverência, Respeito, Entrega, Amor, Devoção e Religiosidade são algumas das atitudes relacionadas com o ato de bater cabeça. Na maioria dos terreiros, batemos cabeça diante do altar, saudando Deus, os Orixás e Guias que conduzem o templo. Bate-se cabeça para o Pai e a Mãe

Espiritual (sacerdote, dirigente, "pai de santo"), para a curimba e em algumas casas também se bate cabeça para a tronqueira.

Bater cabeça diante do altar é um dos atos mais importantes dentro do ritual de Umbanda, pois é o limiar da entrega do médium que vai trabalhar. Estamos nos entregando em uma forma de submissão consentida, porque queremos servir e ser obedientes à orientação e ao guia que vem do astral. Estamos "dando" nossa cabeça, o mistério da vida, o que há de mais precioso, nosso mental e nossa coroa, em prol do trabalho espiritual que vai se realizar. Só batemos cabeça para quem confiamos e amamos, pois nesse momento estamos nos doando por inteiro, simbolicamente, por meio de um gesto ritualístico. Mesmo que ninguém nunca nos explique o que significa esse ato de bater cabeça, intuitivamente já subentendemos seu significado; o gesto é muito forte e estar prostrado mexe com nosso psiquismo emocional, racional, consciente, subconsciente e inconsciente.

O simples ato de sermos submissos a algo ou alguém que nos seja superior e, claro, de total confiança, quando feito de peito aberto, de coração, nos torna também mais tolerantes e pacientes com as relações humanas, desperta um ambiente de respeito às diversas limitações e ao comando que vem do alto para baixo, e não o contrário. Há milênios, rituais religiosos adotaram esse gesto de saudação como símbolo de respeito, hierarquia, adoração e devoção para manter a estrutura sacerdotal e o ambiente fraterno.

O que causa confusão e, às vezes, até frustração são alguns detalhes de como deve ser o ato gestual: deitado ou ajoelhado, com as mãos para a frente ou para trás, quantas vezes toco o chão com minha testa e até o que devo falar ou pensar nesse momento? Para exemplificar essas dificuldades, coloco abaixo um texto de nossa irmã Maria de Fátima Gonçalves, feito durante a Turma 11 do Curso Virtual de Teologia de Umbanda Sagrada (www.umbandaead.com.br):

> *Há uma diversidade muito grande dentro da Umbanda, a gente encontra rituais muito variados, inclusive quanto ao "bate-cabeça". A primeira Casa que frequentei, fora do meu próprio trabalho, tinha como regra o médium bater cabeça sem o uso de toalha, deitado e tocando a testa no chão por alguns bons minutos, com as mãos ao lado da cabeça e as palmas voltadas para baixo. Não usar toalha e colocar as palmas pra baixo era sinal de submissão e obediência. Usar*

toalha ou virar as mãos pra cima seria arrogância. Ali a regra era bater cabeça no altar, na frente dos atabaques e para o dirigente. E o dirigente poderia exigir que o médium ficasse deitado na frente dele por mais de hora, dependendo do seu "humor" no momento. Depois de bater cabeça, o médium tinha de pedir-lhe a bênção em yorubá, era uma saudação longa.

Entrei ali com mais de vinte anos de trabalho, mas um trabalho simples, com poucos rituais, na verdade; acendia uma vela branca e pedia as bênçãos Divinas, e os médiuns se cumprimentavam inclinando a cabeça e com as mãos juntas na altura do coração (saudando o "Deus interno" do outro). Não conhecia o costume de se tomar a bênção, muito menos naquela língua. Não sabia fazer e expliquei que não sabia. O dirigente se irritou profundamente. Como "exemplo", ele chamou uma garotinha de 7 anos de idade, mandando que ela pedisse a bênção. A menina fez direitinho. Mas, para me "punir", o sacerdote determinou que ela batesse cabeça para ele, deixando-a esticada no chão até o final da gira, por mais de hora, dizendo que ali ele mandava. Saí dali, achei absurdo. Nunca me esqueço do rostinho dela, inocente, deitada em um chão frio de cimento bruto, só pela vaidade daquele homem. Se eu pudesse voltar no tempo, mudaria aquilo, a minha ignorância puniu uma criança inocente. Estou aqui desabafando, me perdoem, mas isso me dói até hoje.

Logo depois, estudando, estive em uma Casa onde a toalha era essencial: o médium jamais deveria colocar o ori no chão, seria um "sacrilégio", porque o coronário é o ponto mais sagrado do corpo e jamais deveria tocar o solo. Na minha "primeira vez", fui bater cabeça sem a toalha e levei uma bronca exemplar. Sinceramente, acredito que o que vale é o coração, a intenção. Mas respeito as regras de cada casa e procuro aprender. Só não aceito o exagero do "quero porque quero".

Acredito que esse texto de nossa irmã ilustra bem a situação e a relação da diversidade ritualística de uma casa para a outra, bem como o fato de que muitas vezes o que é respeito para uns é desrespeito para outros. Assim, independentemente de verdades absolutas e do que é o mais certo para um ou outro, vale compreender o que é válido dentro da casa que frequenta e do contexto em que a mesma se insere. O mais importante no ritual de bater cabeça é o significado do ato de saudar, entregar-se e reverenciar algo, tocando o solo com a testa. Os que tocam três vezes o solo podem estar saudando "Olorum, Oxalá e Ifá", considerado a santa trindade na Umbanda, ou mesmo saudando "Deus, Orixás e Guias", e há quem toque a cabeça de frente, depois para a direita e para a esquerda, saudando o "Alto, Direita e Esquerda". Pode-se tocar a cabeça três vezes apenas pela força mística e "cabalística" que envolve o número três, multiplicador e potencializador de todos os atos ritualísticos. Alguns, antes do gesto, fazem o sinal da cruz no chão ou em si, que também é um ato de saudação e respeito. Batemos cabeça em nosso altar e no altar dos terreiros em que somos visita, em sinal de reconhecimento da energia e vibração daquela casa.

Quando batemos cabeça ao dirigente, estamos nos prostrando diante do homem ou da mulher, encarnados, e nesse momento estamos reverenciando tudo o que esse sacerdote/sacerdotisa representa para nós naquele templo e em nossas vidas. Estamos reverenciando a dedicação e o amor de quem doa boa parte de sua vida para manter uma estrutura religiosa, como um templo e seu corpo mediúnico. Estamos reverenciando os anos de dedicação e afinco em que, com certeza, foram superadas muitas dificuldades para se manter e sustentar. Estamos reverenciando seu grau, sua outorga e envergadura sacerdotal e espiritual. Estamos reverenciando o sagrado que se manifesta por meio desse(a) dirigente e toda a sua hierarquia espiritual, natural e divina. Nesse momento, o Deus interno que habita em nós também está reverenciando o Deus interno que habita e se manifesta em nosso sacerdote/sacerdotisa. Estamos reverenciando aquele(a) que nos conduz, orienta e cuida. Estamos declarando nossa entrega e confiança em seu trabalho, reconhecendo a importância do mesmo em nossas vidas. Por essas e muitas outras razões, oferecemos nosso ori (cabeça), nosso corpo e alma a serviço da espiritualidade diante do sacerdote/sacerdotisa ao qual escolhemos para ser nosso pai/mãe espiritual. Com esse gesto, estamos declarando que esse sacerdote/sacerdotisa é nosso mestre espiritual e que ali estamos para servir e obedecer à sua orientação; ali estamos para ouvir, crescer e aprender com sua experiência e por meio de seu comando. Se esse não for nosso sentimento e intenção, então, o ato de bater cabeça para o altar ou para o dirigente torna-se um ato ritualístico para demonstrar sua hipocrisia, imaturidade e mentira diante do que é sagrado para esse sacerdote e sua comunidade.

Hoje, muitos sacerdotes não aceitam que lhes batam cabeça. Eu mesmo, como já disse, durante um tempo tive certa resistência quanto a este ato ritual, assim como ao ato de me pedirem a bênção. Mas, com o tempo, descobri a importância desse ato e gesto ritualístico de amor e respeito. O que é forçado ou imposto não é bom, mas o que é conquistado faz muito bem à alma, ao coração e, também, para o ambiente sagrado de convívio religioso e comunitário.

JUS 128 – 1/2011

A Mente Comum

Nós entramos hoje no mundo muito especial do zen. Ele é muito especial porque se trata do estado de consciência mais comum, eis sua especialidade. A mente comum sempre quer ser extraordinária; é apenas a mente extraordinária que relaxa no comum. É somente o excepcional que está pronto para relaxar e repousar no comum. O comum sempre se sente inferior; a partir desse complexo de inferioridade, ele tenta ser especial. O especial não precisa fazer esforço para ser especial, ele é especial. Não há nenhum complexo de inferioridade nele. Ele não está sofrendo de nenhum vazio. Ele está tão cheio, transbordante, que ele pode ser seja lá o que ele for.

Desse modo, não há nenhuma comparação, nenhuma competitividade. E não há a questão de hierarquias – quem é que está mais abaixo e quem está mais acima. Ninguém é inferior, ninguém é superior. Na verdade, a pessoa que fica querendo provar que é superior, é inferior.

A pessoa que aceita seja o que for que ela seja, com alegria – não com resignação, no que lhe diz respeito; não em desespero, mas em profunda compreensão; e que fica grata por isso, grata à existência, grata ao todo, esta é a mais elevada.

Osho

Profundidade Ritualística Umbandista

O texto que segue foi escrito em maio de 2011 por inspiração do Caboclo Pena Branca, que se aproximou numa dessas manhãs para me passar informações e esclarecimentos sobre postura, comportamento devocional e gestual ritualístico umbandista. Definindo o quanto muda a relação de cada um com o sagrado, de acordo com suas atitudes durante o ritual, dentro da comunidade do templo.

Afirmou que muito do que se manifesta por meio de "seu" mistério, "Pena Branca", por exemplo, está além de sua vontade e que nem sempre pode ou tem licença/liberdade de corrigir ou orientar um comportamento que deve ser espontâneo. Pois, ritualisticamente, cada movimento traz chaves de acesso e abertura dos mistérios, o que acontece e deve acontecer muito naturalmente.

O Ritual serve, também, para regular os atos e atitudes diante do que é sagrado, em que por muitas vezes, por meio da repetição ritualística, o mais novo segue o mais velho. Na imposição da "regra" gestual (curvar-se, cumprimentar, pedir a bênção, bater cabeça e outros), mesmo não compreendendo bem o sentido e a função do que está fazendo, um iniciante pensando que está cumprindo apenas uma formalidade recebe energia, bênçãos e os mistérios que o "Alto" lhe transmite e oferece pela atitude ritual.

Afirma o Caboclo Pena Branca:

"A quem me cumprimenta eu lhe cumprimento, a quem me pede a bênção eu lhe dou em nome de Tupã (Deus) e dos Orixás, mas quem bate cabeça para o 'Mistério Pena Branca', que é algo maior que está acima de mim, recebe algo que vem direto do mistério 'Pena Branca', ao qual eu sirvo. Abre-se um portal e o filho que se curvou batendo cabeça de forma sincera, por sua humildade, amor e devoção recebe algo que podemos chamar de energia, força ou poder, mas o correto seria chamar de mistério. O mistério se abre a quem se curva ao mesmo e se revela aos simples e dedicados filhos empenhados na tarefa mediúnica realizada sob o seu amparo."

Ainda lhe questionei (ao Caboclo): "Mas o que importa não é o que sentimos, as divindades não nos olham de dentro para fora?". A resposta foi que "Sim" e é por isso que, quando estamos a sós, diante de uma divindade, o que conta é apenas o sentimento, no entanto, quando estamos em uma comunidade, não basta sentir, deve-se demonstrar o que sente por atos e gestos.

"Pense e procure se lembrar o que sente enquanto está incorporado comigo, tente lembrar a sensação, o que acontece vibratoriamente quando um médium cumprimenta, pede a bênção ou bate cabeça para mim (Caboclo Pena Branca). Ao se curvar diante de mim, o médium está curvado diante do Mistério Pena Branca, ao qual eu sirvo e assumi como um grau conquistado na espiritualidade. Eu sou apenas um dos milhares de Caboclos Pena Branca, mas o mistério é único, manifesta-se por meio de todos nós e abençoa a todos que o reverenciam por meio de nossa presença.

Cumprimentar, pedir a bênção ou bater cabeça não é a mesma coisa e trazem chaves de abertura e acesso aos mistérios de guias e Orixás Sagrados em nossa religião.

A humildade gestual, a atitude devocional, a obediência ritualística dá acesso a mistérios que de outra forma não se abririam em uma comunidade religiosa. Este modelo ritual é uma maneira de conduzir os mais novos, a exemplo dos mais velhos, numa atitude repetitiva, a sentir o que não se compreende, e com o tempo saber que tudo tem uma razão e sentido de ser dentro de um ritual. Com o passar dos anos o filho de Umbanda vai adquirindo "merecimento ritualístico", por sua postura interna e externa, trazendo no brilho dos olhos algo tão forte e profundo quanto suas marcas nos joelhos.

Mas há, também, e sempre há, aqueles que, embora dobrem os joelhos como todos os outros e recebam tudo que todos recebem, seu negativismo e ceticismo íntimos os impedem de sentir ou desfrutar desses mistérios. São rasos, não têm profundidade ritual, pois não têm profundidade na vida ou em suas relações. Continuam pedindo, pedindo e pedindo o que já lhes foi concedido há tempos, mas que não alcançam por questões de foro íntimo e que acaba sendo interpretado como "merecimento". No entanto, bastaria uma mudança interna para receber o que tanto almejam de energia, lua e vibração, mas mudanças internas não estão em seus planos; logo, continuaram em nosso meio pedindo mudanças externas e lidando com o sagrado como se fossem muletas para sua caminhada cega e autômata.

É preciso tomar consciência de que estamos vivos e que a vida por si só já é sagrada, e não importa em qual condição estamos ou chegamos por aqui, nessa encarnação. No dia em que se sentirem parte dessa verdade, também se sentirão tocados pelos mistérios e suas divindades, que alcançam e envolvem todos que são realmente gratos à vida e a Deus por tantas oportunidades de crescimento e amadurecimento e, em especial, nos caminhos espirituais.

Complemento: para completar e contextualizar o ato de bater cabeça e sua profundidade ritualística eu cito o filme *Besouro*, em que o personagem principal se vê diante de Exu e este lhe chama de vaidoso e orgulhoso. Besouro questiona Exu: "O que você quer?", pergunta ele, e a resposta da Divindade, Exu, é: "Reverência". Besouro abaixa e bate cabeça no solo, e naquele exato momento Exu passa a protegê-lo, a ampará-lo, o que não era possível sem a reverência, a humildade e o respeito demonstrado.

Hieraquia, Poder e Mistério na Umbanda

Todas as religiões nascem de experiências humanas, individuais, com o sagrado, do êxtase inexplicável de acesso ao centro do mistério, inacessível a quem se encontra na periferia, longe do transcendente. Ao contar essa experiência surge a religião, a teologia, mitos, ritos e mistérios derivados do mistério maior.

Então, surgem as hierarquias verticais, nas quais todo um corpo sacerdotal bloqueia ou dá acesso a esses mesmos mistérios. Sua atitude de proteção, manutenção e preservação dos mesmos é também uma forma de barreira para que os adeptos não cheguem ao "centro" do mistério.

Aquele que chega ao âmago da experiência mística religiosa tem acesso direto ao sagrado, liberta-se de todas as formalidades, hierarquias e subterfúgios. Mas como nem todos são iguais, nem todos vão ao centro, nem todos querem profundidade ou mergulhar no desconhecido de si mesmo. Necessitamos de um caminho do meio, que permita formas diversas de relacionar-se com o sagrado em uma mesma religião.

A chave é "maturidade religiosa", fundamentada na razão do que se crê com seus porquês e uma consciência crítica distanciada do fanatismo ou fundamentalismo.

É dito que Jesus anunciou o Reino e seus "discípulos" criaram igrejas e hierarquias para monopolizar o acesso ao mesmo. Repetindo a mesma ideia dos fariseus que, pobres deles, não entram e não deixam entrar no Reino.

Hierarquias da vaidade, da arrogância, da ganância, do ego disfarçado de santo, lobo em pele de cordeiro. As hierarquias mantêm um *status* de poder efêmero, no qual se esforçam para manter o seu *status* de detentora da verdade, lugar de conforto e acomodação, no qual muitos se encontram com olhos, ouvidos e boca tapados.

Um dos objetivos do estudo teológico é dar acesso a todos justamente ao que historicamente os sacerdotes bloquearam para deter um "poder", dito oculto ou, se preferir, esotérico. Poder de acesso ao mistério que se encontra no centro do sagrado, a essência da religião, a chave de acesso místico ao êxtase e à magia.

Na Umbanda, é válida a hierarquia horizontal, na qual um adepto preparado por um sacerdote se torna igualmente sacerdote, que mantém com o primeiro uma relação de respeito filial-espiritual.

Quanto mais filhos preparados por um sacerdote, maior a expansão horizontal em que todos comungam do mesmo poder e mistério.

Na Umbanda, a experiência direta com o sagrado é inevitável aos que se identificam médiuns, no entanto, muitos encontram barreiras de acesso à informação, como forma de manipulação e dominação. As experiências vividas na Umbanda são milenares e ancestrais, explicadas em todas as tradições e culturas.

O fato de ser uma religião nova quer dizer que essas mesmas experiências ganham um novo significado à luz de uma nova época e cultura.

Transe, possessão, êxtase, mediunidade ou qualquer outra forma de transcender a matéria é algo humano e natural, que ganha sentido de acordo com a forma que cada um tem para explicar.

Quanto maior o sentido, maior o número de adeptos e seguidores do que vai se tornando uma doutrina religiosa com as tão comuns formalidades, mitos e dogmas.

Quando alguém tem um discurso voltado a bloquear o acesso à informação e ao estudo aberto a todos da Religião de Umbanda, em sua Teologia, podemos e devemos analisar o porquê dessa atitude e perfil.

O que faz um umbandista ser contra o acesso à informação?

Algumas hipóteses, prováveis, e "*qualquer semelhança com a realidade é pura coincidência*":

1. Querem se manter detentores de um falso e efêmero poder.

2. Querem manter uma relação de dependência com os adeptos.

3. Querem ser reconhecidos como eleitos, "chamados", privilegiados que escolhem a dedo os poucos que poderão se tornar como eles. Afinal, são muitos chamados e poucos escolhidos.

4. Querem desmerecer o trabalho alheio.

5. Querem fazer valer a ideia de purismo e verdade; apenas a sua prática é pura, verdadeira e válida.

6. Querem continuar em sua posição de acomodação, confortáveis na própria ignorância ou fechados em seu eruditismo, prolixos, de uma pseudossabedoria.

7. Querem e gostam de exploração emocional, psíquica e material do outro que "come em sua mão", o que lhes dá um repugnante orgulho do falso *status*.

8. São criadores e mantenedores da hierarquia do medo, forçando uma situação do amor e admiração tão naturais entre sábio e aprendiz, mestre e discípulo, dentro de uma relação madura na espiritualidade.

Mas, para frustração de alguns e realização de muitos outros, nada como um dia após o outro, uma geração após a outra e uma religião que tem por base a manifestação mediúnica, na qual cada adepto é em si o templo do mistério maior e sacerdote do sagrado que habita e manifesta em si mesmo.

Umbanda é, por isso, a mais aberta e universal das religiões conhecidas, é uma doadora de poder e uma das poucas em que as chaves de acesso direto ao centro místico desse poder ainda estão à disposição de quem se permitir entregar-se ao transcendente, que sopra onde quer. Por isso aqui vale uma outra máxima: "Todos são chamados, mas escolhidos são os que se dedicam".

Afinal, quem não incorpora, camboneia; quem não camboneia, toca; quem não toca, canta; quem não canta, dança... todos dançam, todos vibram, todos participam do sagrado com seu poder e mistério.

JUS 125 – 10/2010

"Qualquer caminho é apenas um caminho, e não há ofensa para si ou para outro em abandoná-lo se é isso que o seu coração diz a você... Olhe para cada caminho bem de perto, estudando-o cuidadosamente. Experimente-o quantas vezes achar necessário. Então pergunte a você mesmo, e somente a você mesmo: uma questão: 'Esse caminho tem um coração? Se ele tem, é um bom caminho; se não tem, é inútil'".
D. Juan, "brujo" *Yaqui in Erva do Diabo*, Carlos Castaneda

Umbanda no Lar

Os espíritas têm uma formação sólida com relação à obra de Kardec, são incentivados a ler, estudar e praticar o "Evangelho no Lar", uma prática que é feita por muitos umbandistas também. O estudo do *Evangelho Segundo o Espiritismo* é muito salutar, assim como a leitura da Bíblia, do Corão, do Tao Te King, da Torá, do Bhagavad Gita, do Zend Avesta e outros livros sagrados. A obra de Kardec nos é mais próxima por tratar da relação mediúnica com os espíritos; logo, somos incentivados ao seu estudo, com o filtro do olhar umbandista.

No dia a dia das práticas de Umbanda, o mais presente é o trabalho mediúnico de incorporação. Trazer a Umbanda para o lar implica trazer também um pouco das atividades de terreiro: banho, defumação, ritual e comunicação mediúnica direta.

Quando se fala em incorporar em casa, surgem várias restrições; para muitos não se pode nem acender uma vela, porque vai atrair "obsessores". São conceitos muito presentes no Espiritismo, o qual não usa velas ou outros elementos, e pouco trabalha com a incorporação, mas esses valores não servem ao Umbandista praticante.

Não estou recomendando a iniciantes que passem a incorporar em casa, claro. Mas, sim, lembrando a quem já tem o dom de incorporação desenvolvido e certa desenvoltura com a espiritualidade, que nossa religião é de mediunidade prática e trazer a Umbanda ao Lar se torna muito natural ao compreender que esses Espíritos Guias são nossa família espiritual, que nos quer bem e se esforçam para nos ajudar sempre.

Para trabalhar em casa, incorporado, o que se pede é maturidade mediúnica, que implica ideal e responsabilidade, aliados a muita disciplina. O mais importante é não estar brincando de incorporar, fazer suas orações com determinação e sentir a presença de seus Guias, antes da manifestação. Muitos têm medo de manifestarem obsessores, ou mistificadores (enganadores). Como diria Cristo, "não se serve a dois senhores" e "avalie a árvore pelos frutos".

Uma boa comunicação é feita sempre com respeito e intenção de fazer o bem, seja de direita ou de esquerda. Um guia bem incorporado limpa o ambiente, descarrega as pessoas, traz palavras de amor e esperança e, ao ir embora, todos estão se sentindo bem melhor, mais leves. Quando isso acontece, é certeza de que estamos manifestados de nossos Guias e eles é que devem confirmar se existe a maturidade para continuar com essa atividade mediúnica no lar.

Não há como um obsessor ou mistificador trazer paz ou palavras de amor e fé. Cada um dá o que tem e faz o que pode. Se o resultado é bom, a entidade é boa. Se houver uma incorporação desequilibrada, deve-se chamar em terra o Guardião daquele médium sob a força e proteção de Ogum, em nome de Deus, de sua Lei Maior e Justiça Divina, o que coloca ordem em qualquer ambiente, quando feito com fé, amor e determinação.

A maioria dos terreiros proíbe seus médiuns de incorporar em casa, pois os dirigentes têm receio de que médiuns ainda não preparados façam besteiras ou usem seus "Guias" para fazer as próprias vontades. Alguns dirigentes não querem ter o trabalho de orientar seus médiuns em como proceder para realizar um trabalho mediúnico no lar. E outros, bem poucos, claro, preferem ter seus médiuns dependentes do trabalho do terreiro, criando um terrorismo sobre os supostos perigos de incorporar em casa.

Para um médium em desenvolvimento, o mais certo e seguro é fazer parte de um terreiro que lhe dê atenção, ou inscrever-se em um bom curso de desenvolvimento mediúnico.

Com o desabrochar da mediunidade e uma maturidade em lidar com a mesma, esse médium pode passar a sentir a presença de seus Guias em outros momentos de sua vida além do terreiro. Somos médiuns o tempo todo e não apenas dentro do templo espiritual.

Para uma atividade certa e segura no lar, o ideal é começar estipulando uma data e hora semanal, na qual pode haver uma leitura espiritual para reflexão, pode-se fazer uma defumação e chamada de um

Mentor que venha dar uma palavra aos familiares, possivelmente lhes dando um passe espiritual e cortando energias negativas.

Isso não deve se estender muito, para que sejam encontros saudáveis. O ideal é ter hora para começar e hora para acabar, podendo variar um pouco, mas respeitando os horários da terra também.

Muitos se questionam da segurança para realizar tal trabalho e têm medo de abrir um portal negativo ou outro em sua residência e a mesma ficar cheia de espíritos. A grande maioria dos terreiros de Umbanda começa em casa; se a incorporação dos Guias de Umbanda dentro de casa fosse prejudicial, eles mesmos nos diriam da impossibilidade de tal trabalho mediúnico. Comece aos poucos, com leitura e manifestação de seu Caboclo ou Preto-Velho. Com o tempo, sinta a presença das outras entidades e de seus Guardiões.

O ideal é ter sempre uma vela de sete dias acesa para seu anjo da guarda, uma vela de sete dias bicolor (vermelha e preta) para toda a sua esquerda e uma vela de sete dias para o seu Orixá de Frente. Aí está uma segurança simples e eficiente.

Antes da manifestação, deve-se oferecer um copo de pinga a seu Guardião junto de um charuto aceso, e ofereça um copo de cidra à sua Guardiã junto de uma cigarrilha.

Pergunte a seus Guias se precisa de mais algum tipo de firmeza ou proteção, confie em suas entidades. Com maturidade e sinceridade de ideal é possível fazer um bom trabalho mediúnico no lar, trazendo harmonia, força e luz para o dia a dia da família. Lembre-se: o lar é o Templo da Família, portanto, é imprescindível disciplina, silêncio e meditação. Todos que forem participar desse trabalho devem ter consciência e respeito.

No mais, recomendo a todos estudar, ler *O Guardião da Meia-Noite* (Rubens Saraceni/Madras), *História da Umbanda* (Alexandre Cumino/Madras) e outros títulos que ensinem Umbanda. Estude Teologia de Umbanda, Desenvolvimento e Educação Mediúnica e Sacerdócio de Umbanda. Vamos estudar e praticar Umbanda, que é uma religião linda.

JUS 142 – 3/2012

Rito de Passagem Cherokee[20]

Você conhece a lenda do rito de passagem da juventude dos índios Cherokees?

O pai leva o filho para a floresta durante o final da tarde, venda-lhe os olhos e deixa-o sozinho.

O filho se senta sozinho no topo de uma montanha toda a noite e não pode remover a venda até os raios do sol brilharem no dia seguinte.

Ele não pode gritar por socorro para ninguém. Se ele passar a noite toda lá, será considerado um homem. Ele não pode contar a experiência aos outros meninos porque cada um deve tornar-se homem do seu próprio modo, enfrentando o medo do desconhecido.

O menino está naturalmente amedrontado. Ele pode ouvir toda espécie de barulho. Os animais selvagens podem, naturalmente, estar ao redor dele. Talvez alguns humanos possam feri-lo. Os insetos e cobras podem vir picá-lo. Ele pode estar com frio, fome e sede. O vento sopra a grama e a terra sacode os tocos, mas ele se senta estoicamente, nunca removendo a venda. Segundo os Cherokees, esse é o único modo de ele se tornar um homem.

Finalmente... Após a noite horrível, o sol aparece e a venda é removida. Ele então descobre seu pai sentado na montanha perto dele. Ele estava a noite inteira protegendo seu filho do perigo. Nós também nunca estamos sozinhos!

Mesmo quando não percebemos, Deus está olhando para nós, "sentado ao nosso lado". Quando os problemas vêm, tudo que temos a fazer é confiar que ELE está nos protegendo. Evite tirar a sua venda antes do amanhecer...

MORAL DA HISTÓRIA: Confie em seu Mestre!

---

20. Autor desconhecido, fonte desconhecida.

Culto Familiar e Informal ou Templo e Personalidade Jurídica?

A maioria dos Templos de Umbanda tem início em um trabalho doméstico e familiar. Isso quer dizer que os terreiros, centros e tendas de Umbanda começam como um trabalho mediúnico particular, o médium começa a incorporar seus guias em casa e assim surge uma relação viva e duradoura desse médium com as entidades que o assistem e o acompanham em sua encarnação. Nasce um caso de amor, não é mais possível viver sem a presença de mestres e mentores tão amados como nossos guias. A presença do Caboclo (Preto-Velho, Criança, Exu, Pombagira, Baiano, etc.) passa a ser algo esperado, com data e hora marcada para voltar semanalmente. Suas palavras e presença mudam a nossa vida para melhor, nos ensinam como viver com mais qualidade de vida e descobrimos que fazem parte de nossa família espiritual. É tudo tão familiar, tudo tão informal, tudo tão forte, visceral e único; tudo tão espiritual que é muito fácil se esquecer das questões pertinentes ao lado material. É tudo tão sagrado quando estamos realizando um trabalho espiritual que falar ou tratar de questões materiais parece profanar ou macular o que estamos realizando de forma tão desinteressada e sem nenhuma intenção além do espiritual em si. O responsável pelo trabalho, geralmente o proprietário da residência onde se realiza o trabalho, provê de tudo e sempre deixa tudo preparado antes de as outras pessoas chegarem, e esse é o seu orgulho, seu amor, seu esmero com o que irá se realizar. O encanto, a beleza e o fascínio da Umbanda muitas vezes é tão maior que tudo que não nos damos conta de que estamos criando um núcleo religioso e que isso tem implicações no mundo material. A família espera e marca dias e horários para organizar o atendimento aos parentes e amigos que querem se consultar com nossos guias e, com o tempo, mais pessoas vão se juntando ao grupo, outros médiuns vão se desenvolvendo, cambonando e incorporando. Nenhum trabalho é apenas espiritual, todo trabalho em grupo é também social e a sociedade tem regras que incluem direitos e deveres ao mínimo.

Enquanto existe ainda um pequeno grupo familiar atendendo parentes e amigos, o que temos é apenas a expressão de sua espiritualidade e de sua religiosidade familiar. A constituição garante a liberdade religiosa, todos são livres para expressar sua religiosidade. No entanto, quando se começa a estruturar um Templo Religioso, esse trabalho deixa de ser apenas um culto familiar e passa a ser uma organização religiosa.

Todos que começam um trabalho religioso, com o tempo, começam a se preocupar com regularização e legalidade. É comum procurar uma federação ou um contador para fazer um estatuto e se registrar em cartório, o que caracteriza sua personalidade jurídica. Pronto, agora existe um Templo de Umbanda, isto é uma personalidade jurídica, quer dizer que agora possui um CNPJ e deve passar a fazer sua contabilidade. Mesmo que não tenha fins lucrativos, que não haja movimentação financeira, é obrigatório prestar conta como fazem todas as instituições.

Antes de constituir um templo, é preciso saber onde ele vai se estabelecer fisicamente. Da mesma forma que se faz na hora de abrir um comércio, para se estabelecer um templo é preciso saber que existem regras. Em São Paulo, por exemplo, existem áreas de zoneamento na cidade que permitem ou não o estabelecimento de um templo. Da mesma forma, há regras que devem ser respeitadas para não se ter problemas, por isso deve-se consultar a subprefeitura da região em que se quer abrir um templo.

Caso ainda esteja fazendo um trabalho familiar, é fundamental respeitar os vizinhos, evitando fazer muito barulho, evitando confusão e algazarra na rua e respeitando o horário. Procure ter um comportamento ético e de bom senso. Não adianta reclamar de preconceito, dizer que somos discriminados, se ainda não fazemos a lição de casa.

É possível permanecer com um trabalho de Umbanda em casa enquanto esse trabalho é apenas um culto familiar, realizado por um grupo ou núcleo familiar atendendo apenas parentes e amigos. A partir do momento em que se torna um templo, uma organização, com atendimentos públicos, abertos e frequentes, é preciso começar a se organizar também de forma social e legal, e não apenas de forma espiritual ou religiosa.

Pense nisto: um templo é uma personalidade jurídica e deve ser tratado como tal. Temos direitos e deveres, e quem só pensa em seus direitos fatalmente esbarrará com seus deveres não cumpridos. Vivemos em uma sociedade que possui regras, informe-se dessas regras para um bom convívio e para evitar problemas futuros. Também recomendamos procurar essa orientação com boas federações e associações de Umbanda, como a Associação Umbandista e Espiritualista do Estado de São Paulo (AUEESP) ou a Federação Umbandista do Grande ABC (FUGABC).

JUS 161 – 10/2013

Legalização

Por que legalizar seu templo?

Já falamos bastante, por aqui, sobre "quem é o sacerdote de Umbanda". Já identificamos e reconhecemos o dirigente espiritual como Ministro e Sacerdote. Sabemos que, independentemente de fazer ou não um curso de sacerdócio, por exemplo, é o guia espiritual do médium quem confirma sua missão como sacerdote. No entanto, não basta estudar quem é e o que é esse sacerdócio, é preciso ter mais informações e orientação sobre muitas outras questões, como a legalização do templo, por exemplo.

Mais do que conhecer todos os passos para a legalização de um Templo de Umbanda, é preciso entender o porquê de tanta burocracia e, dessa forma, não se sentir discriminado, julgar de forma errada o que é certo ou continuar brigando com vizinhos.

Quero fazer uma comparação para ajudar a entender o porquê de certos caminhos na legalização de um templo.

Esqueça um pouco o templo e pense apenas em sua casa; a grande maioria dos terreiros começa dentro de casa. Agora imagine uma outra situação dentro de sua casa: pense que você recebe seus amigos para jantar. Imagine que você marca uma vez por semana essa janta e que, cada vez, vem mais gente para jantar em sua casa. Imagine que você começa a receber os amigos dos amigos, conhecidos e desconhecidos para jantar em sua casa. E, quando se dá conta, já esta criando toda uma estrutura de restaurante para poder receber tanta gente para jantar em sua casa. Tendo em vista o que está ocorrendo, os amigos e conhecidos lhe dizem que deveria legalizar esse "restaurante". Dizem-lhe para ter cuidado, pois existem leis e regras a ser seguidas quando se serve comida a um grande número de pessoas e, então, você se dá conta de que não está mais servindo uma janta aos amigos, você já tem um restaurante. E este é o ponto crucial: pode haver um restaurante em sua casa? Sua casa tem estrutura de restaurante? É possível se adequar a todas as exigências e encargos que existem para um restaurante funcionar? Seu bairro é estritamente residencial, ali é permitido ter um comércio? Você já procurou um bom contador, pensou em documentos, registros e leis?

Entendeu!? O mesmo acontece com um terreiro. Você começa em casa atendendo aos amigos e, logo, sua casa se torna um terreiro, ou um centro de Umbanda, e isso quer dizer: um templo. Pois bem, para se estabelecer como um templo, e não apenas uma reunião familiar, você deve se preocupar com todas as questões com as quais se preocupa quem vai abrir um comércio, pois o caminho é muito igual.

Enquanto o trabalho é informal e familiar, não há com o que se preocupar, mas ao crescer e formar um grande grupo, ser um templo, todos devem se conscientizar de que há leis e regras para se viver em sociedade e que sua residência não é e, geralmente, não tem estrutura de templo. E por isso mesmo todos os participantes de uma corrente mediúnica devem se movimentar, participar e colaborar para a manutenção e estrutura do futuro templo.

Só com informação, com boa vontade e responsabilidade vamos assumir nosso lugar junto à sociedade. Não adianta reclamar de discriminação e preconceito enquanto a maioria de nós realiza seus trabalhos de forma oculta e até escondida. Organizem-se, conversem, tomem posse do que é seu, não fujam, não se escondam. As leis são iguais para todas as religiões, mas não adianta querer direitos se desconhecemos os nossos deveres.

Informe-se, vamos fazer diferente e fazer a diferença para o futuro da Umbanda!

O que é legalizar o templo?[21]

Legalizar é tornar legal ou sair da ilegalidade. Para legalizar, deve-se cumprir todas as exigências legais e seus deveres perante o Estado e a sociedade.

---

21. Templo aqui é sinônimo de Tenda, Terreiro, Centro, Núcleo, Tupa-oca, etc.

O primeiro passo para tornar um templo legal é fazer um Estatuto[22] e registrá-lo em cartório. Com o Estatuto em mãos, você faz o seu CNPJ,[23] que em alguns locais poderá ser feito pela internet. Com Estatuto e CNPJ, você passa a existir juridicamente. Até aqui, tudo é relativamente fácil e simples de se realizar.

A maior dificuldade, para a grande maioria, com relação à legalização de um templo tem a ver com a Licença de Funcionamento, que corresponde ao Alvará de Funcionamento.

A Licença e o Alvará de Funcionamento têm a ver com o local em que o templo vai se estabelecer e as exigências legais para que ele possa funcionar em tal local. Simples de entender, mas não tão simples de realizar. Legalizar um templo dá o mesmo trabalho, burocrático, que legalizar um comércio, por exemplo.

A grande maioria dos Templos de Umbanda funciona de maneira familiar e informal, muitas vezes no quintal ou cômodos de sua residência, e por isso mesmo não tem essas preocupações. Mas quando o templo começa a crescer, passa a chamar a atenção e incomodar os vizinhos. Todo trabalho que cresce deve assumir suas responsabilidades e entender que crescer dá trabalho, caso contrário, terá de assumir preocupações e incômodos que podem ser evitados.

Este é o ponto, entender que a responsabilidade é de todos e que um sacerdote não pode e não deve fazer tudo sozinho, mas deve, sim, saber em quem confiar para levar adiante o projeto de criação e manutenção de um templo.

Vizinhos podem reclamar de barulho, de movimentação constante de pessoas, de carros em grande quantidade e de outros incômodos. Se a área é residencial, basta caracterizar que há algo a mais que uma residência no imóvel vizinho para começarem os problemas e preocupações. Então, você se dá conta de que seu trabalho religioso não é mais, nem apenas, uma reunião familiar informal, portanto, tome as providências de forma antecipada. E o mínimo de providências é conhecer, em primeiro lugar, o que é legalização.

---

22. Um estatuto pode ser feito por meio de um modelo disponível em cartório, ou fornecido por seu contador, por seu advogado, ou ainda por um modelo desenvolvido, criado, por uma Federação ou Associação de Umbanda à qual você venha a filiar-se. Para fazer esse estatuto, é necessário um mínimo de quatro pessoas para compor uma diretoria, ou seja: presidente, vice-presidente, secretário e tesoureiro.

23. O CNPJ (Cadastro Nacional de Pessoa Jurídica) é um número que corresponde, para a pessoa jurídica, ao CPF para a pessoa física. É obrigatório, gratuito e simples de tirar.

Uma vez que você já tem Estatuto e CNPJ, passa a compreender que não é apenas um trabalho religioso familiar-residencial, o Templo é uma personalidade jurídica que possui deveres e direitos, exatamente nesta ordem, ou seja: primeiro os deveres e depois os direitos!

Nessa etapa, é fundamental encontrar um local adequado para esse templo funcionar, que reúna as condições necessárias que permitam tirar a licença ou alvará de funcionamento, expedido pela prefeitura ou subprefeitura local, no caso das grandes cidades. Antes de alugar ou comprar um imóvel, solicite e verifique os documentos que mostram que esse imóvel está em situação regular; peça: Planta Aprovada, IPTU e Habite-se.[24] Com esses documentos em mãos, vá até o órgão competente e peça um informe de qual uso pode ser dado para tal imóvel. Se for possível estabelecer ali um templo, você pode dar continuidade ao processo, caso contrário, procure outro imóvel.

O próximo passo é tirar o CCM, adequar-se às exigências de estrutura civil, como banheiro de deficiente, saída de emergência, por exemplo. Se for necessário, busque a orientação de um arquiteto ou empresa de legalização.

O AVCB (Auto de Vistoria de Corpo de Bombeiros) é pertinente ao imóvel e não ao uso que se dá a ele, mas deve ser verificado também. O tamanho do imóvel e sua estrutura é quem dá a limitação com relação ao número de pessoas que poderão frequentar o templo.

Com todos esses documentos em ordem e uma boa orientação ou assessoria, pede-se a licença de funcionamento, que corresponde a uma taxa que será paga e por meio da qual se retira o alvará de funcionamento. Todas essas exigências e a forma de realizar o trâmite mudam de município para município e devem ser verificadas.

Em São Paulo, para alguns imóveis que estão irregulares ou que não apresentam as condições de ter uma licença de funcionamento definitiva, é possível, em alguns casos, tirar uma licença de funcionamento provisória, que tem validade de quatro anos, renovável ao término dessa validade.

Temos direitos, mas também temos deveres, e se os deveres com relação ao templo não são cumpridos, seus direitos também não podem

---

24. Esses documentos são solicitados ao proprietário do imóvel ou à imobiliária. Caso não queiram fornecer esses documentos é bem possível que o imóvel esteja irregular, o que impossibilita a legalização da atividade naquele local.

ser exigidos ou reconhecidos, e isso não depende da espiritualidade, e sim da responsabilidade do sacerdote e de sua comunidade.

Depois de legalizado, esse templo deve manter uma contabilidade ativa e estar inteirado de suas responsabilidades, que não terminam com a legalização.

Observação: Em todo este texto, não citamos os guias espirituais para que fique bem claro que essa responsabilidade é do sacerdote e de sua comunidade, de seu corpo mediúnico. Os guias de Umbanda incorporados fazem a caridade, no entanto, os homens e mulheres, seus médiuns, têm o dever de criar e dar estrutura material para que isso se realize e se mantenha. Todos devem colaborar em todos os sentidos, caso contrário, se tornará um peso a quem queira carregar tudo sozinho.

Qual o Nome do Seu Terreiro

Tenho acompanhado junto com a Sandra Santos, presidente da AUEESP, muitos casos de terreiros que têm o mesmo nome.

Enquanto o templo não tem registro em cartório, não existe legalmente, parece que vai tudo bem. Permanecem anos trabalhando no terreiro chamado, por exemplo, "Casa Sete Flechas" ou "Casa de Ogum Beira-Mar", afinal esses são os nomes dos guias que comandam essas casas. Um dia resolvem registrar em cartório e descobrem que já existe outro terreiro com esses nomes, que existem muitos centros com os mesmos nomes e que, legalmente, isso se torna um problema.

Bem no início da religião, era comum adotar nomes de santos católicos como: Tenda São Jorge, Casa Santa Rita, Terreiro Cosme e Damião e outros. Hoje prevalecem os nomes de Caboclos, Pretos-Velhos e Orixás. No entanto, existe na Umbanda a questão das falanges, em que milhares de médiuns trabalham com entidades que levam o mesmo nome como: Pena Branca, Pai José, Vovó Cabinda, Jurema, etc.

Logo, antes de adotar um nome para o seu terreiro, é fundamental fazer uma pesquisa sobre esse nome. É certo que seu templo tem um dirigente espiritual único, mas o nome que ele carrega é o mesmo para milhares de espíritos de uma mesma falange. Por isso, nós podemos ter entidades com os mesmos nomes, mas não podemos ter terreiros com os mesmos nomes registrados em cartório. Um templo é uma entidade jurídica e, para tanto, deve respeitar as leis da sociedade.

Alguns casos de terreiros homônimos vão parar na justiça, pois ninguém quer abrir mão do nome que deu a seu Templo de Umbanda.

Nome de templo, portanto, é coisa séria, precisa ser pesquisado, consultado e registrado.

Ainda assim, nos faz lembrar a resposta do Caboclo que é o Pai da Umbanda; quando lhe perguntaram seu nome, ele respondeu: "Se é preciso que eu tenha um nome, então pode me chamar de Caboclo das Sete Encruzilhadas, porque não haverá caminhos fechados para mim". Com essas palavras, ele deixa claro que o nome não é o mais importante e que seu nome é apenas simbólico, não é um nome que carregou em nenhuma encarnação.

Assim são nossos guias! Eles não se importam tanto com nomes e jamais brigariam por um nome. No entanto, nós, que ainda estamos aprendendo, vivemos brigando por muitas coisas.

Se tem dúvida, pergunte a seu guia chefe qual pode ser o nome do templo. Se for necessário, explique que para registrar o nome é preciso ser um nome que ainda não foi registrado. Informe-se bem, pense e reflita antes de divulgar um nome que não poderá ser registrado ou entrar em uma ação judicial desnecessária.

Formação Sacerdotal Umbandista

Todas as grandes religiões possuem escolas de formação sacerdotal, fundamentais para que pessoas despreparadas não assumam essa responsabilidade. Na Umbanda somos pegos de surpresa, muitas vezes, com um chamado da espiritualidade para assumir esse compromisso, como uma missão, e nunca nos sentimos preparados para tal empreitada. Mesmo quem não tem a missão de sacerdote de um templo (terreiro, tenda, centro...) é sacerdote do seu templo interior. Todo médium de Umbanda é um sacerdote em potencial.

O sacerdote é alguém que orienta, aconselha e ampara a vida e o destino de muitos que o procuram, e assim é para os sacerdotes de todas as religiões. Da mesma forma, os médiuns com ou sem essa missão são procurados pelos mesmos motivos, para que seus mentores possam levar uma luz, uma cura e uma palavra a tantos que necessitam. Se a mediunidade, muitas vezes, desabrocha de forma inesperada, com o tempo vamos nos dando conta da responsabilidade que é prestar um atendimento mediúnico ao próximo, que muitas vezes se encontra fragilizado ou em uma encruzilhada da vida.

Consulentes entregam suas vidas às palavras de um guia espiritual; e uma boa palavra pode levantar, tanto quanto uma palavra ruim pode derrubar e destruir. Muitas vezes a diferença está em uma educação mediúnica equilibrada, um desenvolvimento realizado com cuidado e um bom preparo teológico/sacerdotal.

O mínimo que se espera de um sacerdote é que tenha preparo para lidar com as questões do ser humano dentro do contexto da religião em que está inserido. A Umbanda cuida de corpo, mente, espírito e coração. Por mais que nossos guias tenham esse preparo, muitas vezes ficamos por entender o que eles estão realizando, outras vezes os bloqueamos por insegurança e ainda poderíamos oferecer mais recursos para eles trabalharem de acordo com nossa consciência e preparo na Umbanda.

Sabemos que a Umbanda é uma religião que tem pouco mais de cem anos, mas aos poucos estamos nos estruturando para ter e oferecer uma boa base sacerdotal e contar com médiuns mais preparados e seguros de sua missão e atividade mediúnica.

O primeiro curso livre e aberto de sacerdócio na Umbanda foi criado por Pai Ronaldo Linares na década de 1970. Ele nos conta que esse curso começou como um curso de estudos sobre a mediunidade na Umbanda, evoluindo para uma formação sacerdotal.

Ao conhecer Zélio de Moraes, o "Pai da Umbanda", em 1972, Pai Ronaldo encontrou total apoio para dar continuidade aos estudos sistematizados e organizados. Em algumas ocasiões contou com a presença das filhas carnais de Zélio (Zélia e Zilméia) em suas formaturas do referido curso.

Como a maior parte dos médiuns de Umbanda, Rubens Saraceni frequentou centros espíritas e terreiros, nos quais realizou seu desenvolvimento mediúnico até que seus mentores lhe solicitaram assumir a missão de dirigente espiritual à frente de um trabalho mediúnico de Umbanda, formando assim um grupo/terreiro no porão de sua casa. Foi nessa época, 1980, que procurou Pai Ronaldo Linares e com ele se preparou dentro dessa linha sacerdotal. Rubens já era médium e estava à frente de um trabalho, mas, como a grande maioria dos médiuns, sentia falta de uma formação e de estar em contato com outros irmãos que buscam o mesmo caminho de preparo e consciência sacerdotal, sejam dirigentes ou não.

De lá para cá, o trabalho de Rubens cresceu muito, passou a psicografar livros de Umbanda em uma escala até então vista apenas no Espiritismo, recebeu uma grande quantidade de informações doutrinárias e teológicas e, por meio das mesmas, foi orientado a criar grupos de estudos sobre a Teologia de Umbanda Sagrada, em 1996.

Em 2000, abriu o primeiro grupo de Sacerdócio Umbandista, fundamentado nos conhecimentos que recebeu de Ronaldo Linares, mais a base teológica que vinha psicografando e ensinando nos cursos livres de Doutrina e Teologia de Umbanda Sagrada.

Foram dezenas de turmas e milhares de médiuns que procuraram Rubens Saraceni para receber as informações, o preparo prático/teórico e as iniciações dadas durante o curso de sacerdócio ministrado no Colégio de Umbanda Sagrada Pai Benedito de Aruanda.

No dia 18 de janeiro de 2012, uma quarta-feira, Rubens Saraceni formou mais uma turma de Doutrina, Teologia e Sacerdócio de Umbanda Sagrada. Cerca de 300 médiuns participaram de 18 meses de aulas teóricas e práticas, nos quais o foco foi dar suporte e orientação para que cada um ali se sentisse seguro e apto a desenvolver suas funções mediúnicas com plenitude dentro da religião de Umbanda.

Pai Ronaldo Linares esteve presente como paraninfo dessa turma e emocionou a todos com suas palavras. Ele lembrou, muito emocionado, de como conheceu Zélio de Moraes e da espantosa mediunidade daquele que é o Pai e Fundador de nossa religião. "Nem eu sabia o que ia fazer naquele dia, no entanto esse homem (Zélio) já sabia que eu estava indo a seu encontro. Eu queria saber por que tínhamos um altar católico, uma prática espírita, culto de Orixás e práticas com Caboclos... Sempre pensei que, se encontrasse a primeira tenda de Umbanda, encontraria as respostas que procurava", contou Pai Ronaldo. Ainda no contato telefônico, Zélio de Moraes disse à sua filha: "É o Ronaldo, o homem que vai tornar conhecido o meu trabalho". Ao encontrar Zélio, Pai Ronaldo recordou que ele ia respondendo a todas as suas dúvidas antes mesmo que ele as elaborasse. "E me disse assim: 'Eu sei por que você está aqui, você quer saber isso, isto e aquilo, não é?'" Todos os presentes ouviram com muita emoção as palavras de Pai Ronaldo.

Pai Rubens Saraceni frisou a importância dessa linha de conhecimentos dentro da Umbanda, tanto para sua multiplicação quanto para a qualidade daqueles que estão na religião e reconhecimento da mesma dentro da sociedade.

Também estava presente a presidente da AUEESP (Associação Umbandista e Espiritualista do Estado de São Paulo), Sandra Santos, que ressaltou a importância desse trabalho e o suporte que essa Associação oferece a quem tem a responsabilidade de dirigir um templo de Umbanda, desde a realização do estatuto até a orientação de contabilidade. Pediu ainda que cada um dos médiuns ali presentes honre o mestre que teve nessa caminhada e honre sempre esta casa que os acolheu: o Colégio de Umbanda Sagrada Pai Benedito de Aruanda.

A dra. Miriam Soares de Lima, responsável pelo Colégio Tradição de Magia Divina, também se manifestou, lembrando a ligação que a mídia faz da Umbanda com fatos que nada têm a ver com a religião, como por exemplo os trabalhos de ordem negativa e tantos outros que aparecem como escândalos nos programas de TV. Afirmando esperar que um dia não se confunda mais essas atrocidades com a nossa religião Umbanda.

Alexandre Cumino, essa pessoa que vos escreve aqui, também teve a oportunidade de estar presente e sentar-se junto de Rubens Saraceni e Pai Ronaldo Linares, respectivamente seu pai e avô espirituais na Umbanda.

Desejamos que cada vez mais médiuns de Umbanda se preparem para construir uma religião do futuro formada por adeptos cada vez mais preparados e conscientes, conquistando o respeito que nossa religião, nossos Guias e Orixás merecem nesta sociedade.

Oxalá nos abençoe a todos.

JUS 140 – 1/2012

O Que é o Curso de Sacerdócio Umbandista?

O Curso de Sacerdócio de Umbanda Sagrada é um curso para dirigentes espirituais, para aqueles que são ou vão se tornar dirigentes espirituais e também para aqueles que nunca serão dirigentes espirituais, mas são sacerdotes de seu templo interno e de sua mediunidade. O Curso de Sacerdócio é um curso de aprofundamento mediúnico, prático e teórico nos mistérios e fundamentos da Umbanda Sagrada e, dessa forma, mesmo que não seja ou nunca venha a se tornar um dirigente espiritual, todos podem cursar o Sacerdócio de Umbanda Sagrada com o objetivo de se tornar um médium mais seguro, mais confiante e que possa representar melhor sua religião.

O Curso de Sacerdócio é um curso que pretende ensinar aos médiuns de incorporação muitos dos conceitos e práticas que consideramos importantes e fundamentais para os dirigentes em específico e para todos os médiuns de incorporação em geral, que pretendem se tornar mais conscientes de sua responsabilidade e de sua missão na Umbanda.

Há alguns médiuns que tiveram a oportunidade de aprender dentro de um Templo de Umbanda tudo de que precisam para se tornarem bons dirigentes, no entanto a grande maioria não teve essa oportunidade. Muitos médiuns recebem a missão de se tornar dirigentes espirituais e ainda não sabem bem nem como lidar com as demandas e outros trabalhos negativos, que certamente virão contra seu trabalho, seus médiuns e consulentes. Muitos dirigentes têm uma formação mais espírita que umbandista, por exemplo, e desconhecem as práticas de magia, corte de demandas e descarregos. Mesmo os mais familiarizados não têm desenvoltura para lidar de forma natural com a Magia de Pemba, por exemplo, que permite realizações de Magia Divina muito simples e práticas, as quais dispensam trabalhos mais complexos e oferendas desnecessárias. Há ainda médiuns que ao receber a missão de dirigir uma Tenda de Umbanda acreditam que precisam contratar um "sacerdote profissional" para fazer seus assentamentos, o que, claro, custará uma pequena fortuna e ainda implicará a obrigação da manutenção periódica, cobrada, dos mesmos assentamentos. E, quando não, ainda vão buscar sacerdotes de outros seguimentos religiosos na seara afro-brasileira para colocar a mão em suas cabeças, firmezas e assentamentos, tudo por conta de algo muito simples: a insegurança do médium que recebe essa missão, não se sente pronto para tal e não tem a devida confiança em seus próprios guias para dar conta da situação. Creio que não há o menor cabimento de um sacerdote católico contratar um rabino judeu para fundamentar sua igreja, no entanto é isso que muito umbandista faz.

Há umbandistas que desconhecem a História da Religião, que desconhecem o sincretismo entre Santos e Orixás, que desconhecem a diferença entre Linhas de Umbanda e Linhas de Trabalho, confundindo Linhas, Orixás e Guias como se tudo fosse a mesma coisa. Muitos não compreendem que Umbanda e Candomblé cultuam os mesmos Orixás, no entanto, eles se manifestam de formas diferentes, assim como diferente é o culto, por se tratar de religiões diferentes. Muitos em situação de aperto acreditam que vão resolver seus problemas fazendo sacrifícios animais, como se a morte e o sangue pudessem oferecer algo o qual a vida e outras energias não podem suprir.

Para todas essas e muitas outras necessidades serve o Curso de Sacerdócio; no entanto, a serventia e o propósito desse curso vão muito além. Em um curso de sacerdócio, o médium de incorporação entrará em contato com Orixás e guias que nunca antes havia cultuado ou trabalhado. Por meio das práticas, vai tomar conhecimento de muitas linhas de Caboclos, Pretos-Velhos, exus, pombagiras e outros guias que ainda não havia conhecido. Nessas práticas se chama para incorporar muitas entidades que no dia a dia de terreiro são passivas com relação à incorporação, guias auxiliares e outros que têm apenas uma ligação energética são chamados em terra para fortalecer o vínculo e tornar consciente sua ligação com seu médium.

O Curso de Sacerdócio trabalha de forma incisiva o direito que o médium tem de estabelecer um contato direto com seus guias pessoais na qualidade de seus mestres e seus mentores e, dessa forma, conseguir estabelecer uma relação viva e ativa com esses orientadores, de tal maneira que possa ouvi-los ou consultá-los em suas dificuldades e necessidades. O objetivo de fortalecer essa relação e torná-la viva é estabelecer a independência mediúnica e umbandista para a vida desse médium. O significado disso é: ir ao Templo de Umbanda porque quer estar lá e não por uma necessidade, deixar de ser um médium pedinte para se tornar um médium doador. O dirigente espiritual e sacerdote de Umbanda tem um contato direto com o sagrado, ou seja, com sua própria espiritualidade, e esse contato, essa forma de acessar de forma livre e direta quem lhe ampara espiritualmente caracteriza o amadurecimento espiritual e mediúnico que é o mínimo esperado para um sacerdote e que é o máximo para um médium auxiliar dentro de uma corrente mediúnica. Com esta liberdade, independência e autonomia mediúnica o médium estabelece uma relação diferente com seu dirigente ou com os sacerdotes que lhe prepararam até então, e deixa de ser uma relação de dependência para ser uma relação de respeito e amor. É certo que não estamos falando em autossuficiência, pois todos precisamos do amparo de outros médiuns e sacerdotes na vida, e é saudável poder contar com outros irmãos para ajudá-lo em algumas situações. Melhor ainda se conseguir receber todo esse preparo sacerdotal e ainda puder continuar contando com seus pais e mães de santo para ajudá-lo e trocar experiências quando necessário.

Mesmo que não houvesse nada de tão relevante em um curso de sacerdócio, apenas a oportunidade de estar em contato com outros sacerdotes, com outros dirigentes ou mesmo outros médiuns de incorporação vindos de templos diferentes e que tiveram diferentes formações mediúnicas e umbandistas, já é algo muito especial em um Curso de Sacerdócio. Talvez essa oportunidade de conviver com outros umbandistas de origens as mais diversas venha a ser uma das coisas mais importantes em um Curso de Sacerdócio.

Tudo o que fazemos em um Curso de Sacerdócio é muito difícil de ser feito no dia a dia de um Terreiro de Umbanda simplesmente porque demanda muito tempo e muita dedicação. Os médiuns que se desenvolvem comigo, quando já possuem condições de incorporar e dar consulta, são encaminhados para o Curso de Sacerdócio e é possível ver o crescimento pessoal, mediúnico e umbandista na vida de todos que participam do Curso de Sacerdócio. Eles conseguem nesse período de curso dar um salto, um avanço enorme em seus trabalhos práticos dentro da Umbanda. Durante um Curso de Sacerdócio muitos médiuns de incorporação que chegaram mais por uma curiosidade e acabaram ficando para fazer parte do curso descobriram durante o curso que tinham missão sacerdotal, missão de dirigente espiritual umbandista. Há algo que atrai muitos médiuns para o Curso de Sacerdócio e este algo não precisa ser sempre explicado racionalmente e muito menos esclarecido por explicações sobre os benefícios que esse curso pode oferecer aos médiuns de incorporação umbandistas.

Boa parte dos médiuns que se sente atraída para o Curso de Sacerdócio de Umbanda Sagrada chega por inspiração de seus guias e mentores; muitos pensam que estão fazendo escolhas e no entanto estão sendo conduzidos para essa senda e esse preparo mediúnico umbandista.

Estou sendo bem sucinto e breve aqui para relatar um pouco do tanto que se vive e se inicia em dois anos de experiências sacerdotais umbandistas. Dizemos sacerdotais pelo fato de que o foco dessas práticas está acima do que é possível no dia a dia de terreiro. Por meio da relação que se estabelece, o médium poderá, após o Curso de Sacerdócio, dar continuidade em seu aprofundamento sacerdotal e mediúnico de forma direta com seus guias, vindo a descobrir mais sobre si mesmo e sobre a egrégora que sustenta seu trabalho.

Para apresentar um pouco mais do que vem a ser esse curso, coloco abaixo o conteúdo programático do mesmo:

1. Fundamentação do que é Religião sob vários aspectos humanos, olhar teológico e olhar das ciências da religião.
2. Quem é o sacerdote de Umbanda?
3. O sacerdócio em outras tradições religiosas e origem do sacerdócio organizado.
4. Chamada dos Caboclos de cada participante do curso, para que confirme a presença dos guias desse médium no sacerdócio, dando seu OK ao curso e ao médium.
5. O que é Ética? Ética, carisma e poder na Umbanda.
6. Relação entre sacerdote, médiuns e guias.

7. Desenvolvimento mediúnico, o que o sacerdote deve saber ou não sobre seus médiuns e seu desenvolvimento.
8. Preparação do espaço sagrado, imantação, cruzamento e consagração do Templo de Umbanda.
9. Firmezas e Assentamentos.
10. Batizado – teórico e prático; casamento e funeral.
11. Desobsessão e corte de demandas, tratamento e encaminhamento de eguns, kiumbas e sofredores.
12. O autoconhecimento e a meditação como ferramentas sacerdotais no campo mental e mediúnico.
13. Firmeza da Esquerda e da Direita de um médium. O triângulo de forças.
14. Trabalho prático com Exus e Pombagiras de Trabalho.
15. Apresentação e incorporação dos Exus Guardiões e Pomba giras Guardiãs de cada médium.
16. Identificação do Orixá de Frente e Adjunto.
17. Chamada e incorporação dos 14 Orixás: Oxalá, Oxum, Oxóssi, Xangô, Ogum, Obaluaiê, Iemanjá, Logunan (Oiá-Tempo), Oxumaré, Obá, Iansã, Egunitá, Nana Buroquê e Omolu.
18. Apresentação e incorporação dos 14 Guardiões e Guardiãs à esquerda dos Orixás.
19. Chamada e incorporação de 14 Linhas de Caboclos(as) individuais de cada médium, ligados aos 14 Orixás.
20. Magia de Pemba – teórico e prático. Iniciação e consagração como mão de pemba, consagração das pembas da Direita e da Esquerda.
21. Apresentação das linhas de trabalho: Caboclos, Pretos-Velhos, Crianças, Baianos, Marinheiros, Boiadeiros, Ciganos, Linha do Oriente, Caboclo Quimbandeiro, Preto-Velho Quimbandeiro, Cangaceiros, Exus, Pombagira e Exu-Mirim.
22. Organização religiosa e jurídica do Templo de Umbanda.
23. Trabalhos práticos de atendimento.
24. Liderança sacerdotal, métodos e posturas; debates e reflexões.
25. Consagração final, juramento, formatura e entrega de certificados.

Lembre-se:

Gente humilde é humilde com curso ou sem curso. Gente soberba, arrogante e dona da verdade é assim com curso ou sem curso. Já que a grande maioria já é mesmo soberba e que os poucos humildes sempre serão humildes, melhor que sejam soberbos com conhecimento e humildes com sabedoria.

Nunca vi um médium humilde perder sua humildade por ter feito um curso, mas já vi muito médium arrogante e soberbo melhorar muito depois de alguns cursos bem pontuais como: Teologia, Desenvolvimento e Sacerdócio de Umbanda Sagrada, que mostram bem qual deve ser a postura de um médium e de um sacerdote.

Sabemos que não é um curso que nos dá a outorga ou missão sacerdotal, no entanto, é sim um curso bem estruturado que nos ajuda a compreender melhor que missão é essa, alcançar mais segurança, determinação e firmeza na caminhada.

Por que Fazer um "Curso de Sacerdócio Umbandista"?

E por que não fazer? Eu sei que responder a uma pergunta com outra pergunta não é a melhor resposta, no entanto, o que impede alguém de fazer um curso dentro da Umbanda ou sobre a Umbanda? Nada, absolutamente nada. Você faz se você quiser e, se não quiser, é problema seu e ponto final. Quem está perdendo com isso? Você está perdendo a oportunidade de ir ao encontro de outros irmãos da mesma religião que a sua, que estão se preparando e passando pelas mesmas experiências que você. As únicas razões são do ego, da vaidade, da ignorância ou da tradicional desculpa de não ter tempo para isso. Você não tem tempo para a Umbanda? Então ela, a Umbanda, não é uma prioridade em sua vida; dessa forma, é melhor não fazer mesmo um curso de sacerdócio. Esse curso é apenas para pessoas que têm a Umbanda como prioridade em suas vidas.

Cada um de nós, médiuns de incorporação umbandista, é um templo vivo da religião.

Cada um de nós deve se preparar o melhor possível para cuidar de seu sacerdócio, que consiste em ser um manifestador vivo da religião de Umbanda. Onde você estiver, ali está a Umbanda; onde você manifestar uma entidade de Umbanda, ali estará a manifestação do que é sagrado para nós. No momento em que um médium de Umbanda incorpora seus guias, o local se torna um espaço sagrado no qual é possível reconhecer o templo interior e o templo exterior da religião, no qual seus sacerdotes são responsáveis por tudo o que fazem em nome dessa amada religião. Estar preparado para essa missão é fundamental para correr o menor risco possível de fazer uma bobagem. Todos estamos sujeitos a errar e se enganar, mas aqueles que se preparam para o sacerdócio correm menos risco de errar consigo mesmos e com os outros que os procuram. Uma palavra, um gesto ou um trabalho espiritual podem levantar ou derrubar a vida de quem nos procura. Todo cuidado é pouco, toda forma de preparar-se melhor e assumir as responsabilidades sacerdotais e mediúnicas umbandistas de forma consciente é muito válido. Só não estuda e não se prepara melhor quem não quer!

Pai Ronaldo Linares nos conta que é certo que os médiuns sejam formados por outros médiuns dentro de uma estrutura caseira de terreiro, em que cada dirigente espiritual reconhece entre seus médiuns outros dirigentes em potencial e os prepara dentro de sua estrutura. No entanto, há dirigentes que não tiveram a oportunidade de se preparar, há dirigentes de Umbanda que desconhecem o básico como, por exemplo, a História da Umbanda. Não há mal algum em reconhecer nossas limitações, no entanto, não há por que impedir alguém de buscar mais conhecimento, informação e saber dentro da Umbanda.

Mãe Zilméia de Moraes, ou simplesmente Dona Zilméia como gostava de ser chamada, filha carnal de Zélio de Moraes, sempre que possível estava presente às formaturas do curso de Sacerdócio de Ronaldo Linares. Certa vez, Marques Rebelo, da *Revista Espírita de Umbanda*, lhe perguntou como era estar à frente da primeira e mais importante tenda de Umbanda, ou seja, como era ser a sacerdotisa daquele Templo de Umbanda. A saudosa Mãe Zilméia respondeu simplesmente que era apenas uma médium como todos os outros e que a única diferença é que tinha uma responsabilidade maior que os demais.

E, com as palavras de Mãe Zilméia, eu volto à questão inicial deste texto: somos todos médiuns de incorporação na Umbanda, dirigentes ou não, somos todos sacerdotes dessa mediunidade e dessa religião. Independentemente de ser ou não dirigente espiritual de um Templo de Umbanda, todos devemos procurar nos preparar ao máximo dentro dessa estrutura religiosa que nos acolheu. Caso um dia seja chamado para exercer o sacerdócio como líder de uma comunidade, dirigente de um grupo, já estará mais seguro dessa caminhada após se dedicar um pouco que seja para entender o que é o sacerdócio umbandista.

Creio que essas três visões sobre o sacerdócio já nos ajudam, e muito, a começar a entender um pouco sobre o que é um Curso Livre de Sacerdócio de Umbanda Sagrada e o porquê de fazer parte de um grupo que tem como intenção se preparar mais e melhor para o sacerdócio. Esse preparo é válido tanto para médiuns que atuam apenas como filhos de Umbanda como para pais e mães, dirigentes espirituais, que já atuam há tempos dentro da religião. Confira o programa do Curso de Sacerdócio de Umbanda Sagrada e veja se é algo que lhe interessa ou não, e lembre-se de que o simples convívio com outros sacerdotes já faz desse curso uma oportunidade única para sua formação sacerdotal.

Fonte: *Jornal de Umbanda Sagrada* – 169. Todas as edições desse Jornal podem ser vistas em PDF no site <www.colegiopenabranca.com.br>.

Textos Anexos

Zélio de Moraes e o Sacerdócio de Umbanda

Alexandre Cumino entrevista Pai Ronaldo Linares

ALEXANDRE CUMINO: *Pai Ronaldo como, quando e por que o senhor começou a ministrar um curso de sacerdócio aos umbandistas?*

RONALDO LINARES: Na verdade o curso não nasceu como um curso para sacerdócio. Nós tínhamos uma vivência aqui, onde hoje é o Santuário, porque buscávamos um lugar para fazer as oferendas. Esse local nos uniu a outras pessoas, pela mata, pedreira e cachoeira.

Naquela época eu tinha mais dúvidas que certezas. Eu me sabia médium, incorporava uma entidade, mas não tinha respostas.

Toda vez em que ia a um terreiro diziam para bater cabeça e ninguém dizia por quê, ninguém informava. Tendo a coragem de assumir que eu não sabia, comecei a fazer perguntas. A princípio, quando nos encontrávamos aqui, eu propus às pessoas que nos encontrássemos uma vez a cada quinze dias, não para fazer trabalho de Umbanda, não para chamar Guias, mas para discutirmos sobre a Umbanda.

Por que temos na Umbanda um altar católico, um ritual afro-ameríndio e uma prática espírita? Eu queria entender esse coquetel, eu que vinha do Candomblé tinha uma orientação totalmente diferente do que acontecia dentro da Umbanda. A princípio nos reunimos para discutir alguma coisa, logo, esse grupo que não passava de seis pessoas passou para quinze e foi crescendo. Nós nos reuníamos ora na minha casa, ora no terreiro de alguém para tomar um café com biscoitos, para discutirmos o que é a Umbanda.

Havia muita teoria e informação desinformando, muito livro que não esclarecia nada. Aí nasceu o "Primeiro Núcleo de Estudos da Doutrina Umbandista", foi o nome que deram a esse grupo. Sem querer, nem sei bem por quê, acabei por assumir a liderança.

Esse mesmo grupo evoluiu, pois havia muito mais pessoas interessadas em aprender, então isso passou a se chamar "Curso sobre Incorporação, Mediunidade e Desenvolvimento", que eram as maiores dificuldades. Eu não tinha respostas para, por exemplo, "de onde veio a Umbanda? Quem fundou a Umbanda?". Minha grande pergunta, para todos que eu entrevistava, era a seguinte: "Há quanto tempo você está na Umbanda? Qual a Tenda mais antiga que você conhece?". Na esperança remota de poder identificar de alguma forma o veio mais antigo. Se eu encontrasse o primeiro, eu teria respostas, e era o que eu não encontrava. Assim, chegamos à figura de Zélio de Moraes. Foi uma busca incessante e não foi por acaso que chegamos a ele.

ALEXANDRE CUMINO: *Então foi nessa época que o senhor conheceu o Pai Zélio de Moraes? Estamos falando de que ano?*

RONALDO LINARES: Estamos falando da década de 1970; mas antes de conhecer o Zélio, o curso já havia evoluído para o "Curso de Formação Sacerdotal", porque a grande maioria dos chefes de terreiro abria um terreiro sem saber quase nada de Umbanda. O que acontecia era o seguinte: o indivíduo começava a frequentar o terreiro e ao cabo de algum tempo ele começava a ver o problema das sombras.

Eu explico: o indivíduo que frequentava um terreiro era na verdade alguém que havia deixado o terreiro porque havia se destacado de alguma forma e causado sombra em quem o conduzia. Então começavam as medidas restritivas, do tipo "daqui para a frente ninguém mais escolhe o Guia", "quem determina quem vai se consultar com quem é o Guia da Casa", e isso começava a gerar descontentamento. O médium que mal havia se desenvolvido, de repente, se via em uma encruzilhada. Começava a ter seu trabalho desprestigiado.

Então o que acontecia? Um belo dia ele deixava o terreiro, saía pisando duro; se ele tivesse uma imagem no Congá, tirava a imagem de lá, jogava em cima de um armário, em cima de qualquer lugar.

Passada a raiva, ele pensava: "Meu Deus do céu, o meu Caboclo não tem nada a ver com isso, aquele pessoal do terreiro não queria que eu trabalhasse, ficaram com inveja dos meus Guias...".

Estava um dia lá, arrumava uma toalhinha, punha uma vela de sete dias e achava que o problema estava resolvido.

Não! Aí é que o problema começava: porque as pessoas que ele estava atendendo no terreiro de origem iam se sentir frustradas, porque justo aquela entidade que estava resolvendo a vida torta dele, os problemas que ninguém mais resolvia, não estava mais no terreiro. Mas havia sempre alguém que sabia onde ele morava, então, só para resolver aquele problema, as pessoas iam à procura dele em sua casa.

– Não, eu não tenho terreiro.

– Mas seu Guia estava nos orientando...

Então tirava-se a mesinha da sala, ou o carro da garagem para fazer um trabalho só para atender aquele caso; não era para fazer um terreiro de Umbanda. Mas, já que a entidade veio, tinha sempre mais alguém precisando... Quando a gente menos esperava, esse grupo estava se reunindo, uma ou duas vezes por semana, e de repente nascia um terreiro de Umbanda.

ALEXANDRE CUMINO: *E a gente pode dizer que sem ter tido nenhum preparo e nenhuma base...*

RONALDO LINARES: O sujeito mal preparado, que mal completou seu trabalho de desenvolvimento pleno no terreiro, de repente se via com a responsabilidade de tocar um terreiro que ele mesmo muitas vezes nem desejava ter aberto.

Os terreiros nasciam assim, sem conhecimento, sem base... só na fé.

Isso nos levou, mesmo antes de ter encontrado o Zélio, a criar o "Curso de Formação Sacerdotal" com os conhecimentos que tínhamos naquele momento. De repente, nos éramos mais de 40 e tinhámos perguntas básicas.

Nós frequentávamos o terreiro da Dona Natália e perguntávamos: Dona Natália, como a senhora faz uma gira de desenvolvimento? Aí chegávamos para o "seu" Osvaldo, que tinha outro terreiro, e perguntávamos como ele fazia a gira desenvolvimento. Esse pessoal só dava orientação sobre mediunidade, incorporação e desenvolvimento. Só mais tarde que viria o "Curso de Formação", mas isso tudo foi anterior ao Zélio.

A necessidade de esclarecer, e o encontro daquela revista, foi muito interessante. Primeiro porque eu não acreditava que o Zélio existisse. Em segundo lugar, eu não acreditava que ele tivesse feito o primeiro terreiro de Umbanda. Nosso encontro foi determinante porque ele sabia o que eu queria e dava respostas antes mesmo de eu perguntar.

ALEXANDRE CUMINO: *Sem entrar no mérito do encontro, já descrito em outras oportunidades, a pergunta é: Qual o impacto desse encontro com Zélio de Moraes para o curso de sacerdócio, e a sua concepção sobre a Umbanda? Mudou alguma coisa?*

RONALDO LINARES: O impacto realmente foi muito grande. Até então a gente seguia uma orientação que eu trazia das raízes candomblecistas. A partir do momento que conheci o "seu" Zélio de Moraes, fui obrigado a fazer uma manobra à luz de novos conhecimentos.

Eu estou sempre disposto a retomar as minhas posições. O encontro com o Zélio de Moraes e a precisão das respostas dele, a antecipação, sabendo ao que eu vinha, não deixavam margem para dúvida.

E principalmente o seguinte: o apoio irrestrito que ele deu ao curso. O Zélio achava que o curso era de muita importância, achava que o fato de eu ter sido escolhido de alguma forma para divulgar o trabalho dele tinha muito com o meu trabalho anterior. De alguma forma ele sabia do trabalho que eu vinha realizando. Apesar de não me conhecer, como eu posso explicar? De alguma forma ele me conhecia, ele sabia meu nome, ele sabia tudo, não precisava me fazer perguntas...

Eu nunca o havia visto, nada nos ligava anteriormente, mas ele foi totalmente favorável ao curso, e achava que as perguntas e as repostas se faziam necessárias.

Uma coisa que até hoje cria impacto diz respeito às Sete Linhas da Umbanda. Enquanto eu olho agora para você, eu vejo o Zélio de Moraes desenhando no ar a figura de um triângulo e me dizendo que as Sete Linhas de Umbanda estavam exatamente nas três faces de um prisma.

Em outras palavras, na decomposição da luz. Estas seriam as Linhas da Umbanda.

Fui obrigado a rever os meus conceitos...

Para que não houvesse a menor dúvida sobre o que nós estávamos fazendo, o primeiro, o segundo, o terceiro e o quarto "Barco" eu levei para que conhecessem o "seu" Zélio. Foi um sacrifício danado, mas eu levei os alunos dos primeiros "Barcos" lá na Tenda Espírita Nossa Senhora da Piedade, no Rio de Janeiro, onde fomos recepcionados por Zélia e Zilméia e pelo próprio Zélio de Moraes...

Essas pessoas tiveram contato com ele... Essas pessoas tiveram a oportunidade de ouvir do próprio Zélio sobre o nascimento da Umbanda. Tivemos que re-arrumar o curso diante desses novos conhecimentos, distanciando-nos cada vez mais do Candomblé e ficando cada vez mais próximos da doutrina kardecista.

ALEXANDRE CUMINO: *E o Zélio tinha algum tipo de orientação, o senhor se lembra de algo que seria importante passar aos sacerdotes, que seja na parte doutrinária, de alguma feitura, de algum preparo que o sacerdote devia ter, alguma firmeza, algum assentamento?*

RONALDO LINARES: Na verdade o Zélio de Moraes e as pessoas que ele desenvolveu tiveram uma preparação bem doméstica. Elas frequentavam o terreiro e ele podia dar atenção individual a cada uma delas. Havia esse conceito na Tenda Nossa Senhora da Piedade. Ali os médiuns eram preparados. Aliás, ele preferia os médiuns que não sabiam de nada, para ensiná-los desde o princípio.

Ele chegou a testemunhar algumas variações no culto umbandista. Ele, pessoalmente, nunca se conformou com o atabaque dentro do terreiro. Ele dizia que o barulho mexia com a cabeça dele. E hoje fica muito difícil de eu dizer isso. Para a comunidade umbandista o atabaque acabou ocupando um espaço que fica difícil você separar. No meu terreiro, seguindo o exemplo, eu não toco atabaque. Aqui (no Santuário), eu não incomodo ninguém, deixo o pessoal tocar.

ALEXANDRE CUMINO: *Pai Ronaldo, como o senhor colocaria as diferenças ou semelhanças entre uma pessoa que é preparada dentro de um terreiro para ser um dirigente ou um sacerdote, e a pessoa que procura um curso de sacerdócio para se preparar?*

RONALDO LINARES: Olha, dentro do terreiro você terá apenas a orientação que vem do chefe, do líder desse grupo. Esse chefe pode ter sido, ou não, preparado. Como os cursos são recentes, principalmente os de sacerdócio, nem todos esses antigos têm o conhecimento. Grande parte deles nem sabe quem foi que fundou a Umbanda... nem sabe de Zélio de Moraes, a não ser por ouvir falar... e isso agora, depois de tantos anos batendo na mesma tecla.

É muito importante que pelo menos algumas regras básicas todos os cursos seguissem. Até agora ainda não conseguimos atingir esse ideal. Eu acho fundamental que haja escolas de preparação, porque o conhecimento adquirido em um curso será naturalmente transferido.

Se você fez um curso de sacerdócio, você é um sacerdote formado; fatalmente, as linhas básicas do que você aprendeu, você vai passar para seu filho de fé. Ele pode até fazer algumas inovações, pode mudar alguma coisa do rito, mas o básico não vai ser alterado.

Isso é uma coisa que está sendo montada agora. Veja bem, o Cristianismo, para chegar no que é hoje, demorou 2 mil anos. Nós temos cem anos, e pelo menos por cinquenta deles a Umbanda ficou praticamente restrita a grupos pequenos, depois disso é que a gente começou a ver uma divulgação maior.

O dogma é uma verdade que deve ser aceita, sem contestação. Hoje a Umbanda é uma religião sem dogmas, onde tudo pode e deve ser contestado. Mas não a contestação pura e simples, e sim algo mais profundo, afinal, tudo tem um porquê de ser na Umbanda. E, por isso, é muito importante que o sacerdote tenha uma preparação adequada.

Texto publicado no Jornal de Umbanda Sagrada *– Edição 115 – Ano 9.*

O Sacerdote de Umbanda e o Sacerdócio Umbandista

Por Rubens Saraceni

Observando a forma como surgem os centros de Umbanda e, conversando com muitas pessoas que dirigem seus centros, cheguei a algumas conclusões aqui expostas e que, espero, não despertem reações negativas, mas sim levem todos à reflexão. Só isso é o que desejo, e nada mais.

Todos os dirigentes com os quais conversei foram unânimes em vários pontos:

a) foram solicitados pelos seus guias espirituais para que abrissem suas casas.

b) todos relutaram em assumir responsabilidade tão grande.

c) todos, de início, se sentiam inseguros e não se achavam preparados para tanto.

d) todos só assumiram missão tão espinhosa após seus guias afiançarem-lhes que tinham essa missão e que teriam todo o apoio do astral para levá-la adiante e ajudarem muitas pessoas.

e) todos sentiam então que lhes faltava uma preparação adequada para poderem fazer um bom trabalho como dirigente espiritual.

f) todos confiavam nos seus guias espirituais e no magnífico trabalho que eles realizavam em benefício das pessoas.

g) todos, sem exceção, só levaram adiante tal missão porque acreditaram nos seus guias.

h) todos se sentem gratos aos seus guias por tê-los instruído quando pouco ou quase nada sabiam sobre tantas coisas que compõem o exercício da mediunidade e sobre sua missão de dirigir uma tenda de Umbanda.

i) mas todos ainda acham que há algo a ser aprendido e acrescentado ao seu trabalho, mesmo já tendo muitos anos de atividade como dirigente e de já haver formado médiuns que hoje também já montaram e dirigem suas próprias casas.

j) e todos acreditam que sempre é tempo de aprenderem um pouco mais e não têm vergonha de ouvir o que outros dirigentes têm a dizer.

Bem, só com essas observações acima já temos um retrato fiel dos dirigentes umbandistas, e posso afirmar com convicção algumas conclusões a que cheguei:

a) na Umbanda, o sacerdócio é uma missão.

b) o sacerdote de Umbanda (a pessoa que deve dirigir um centro e comandar os trabalhos espirituais) não é feito por ninguém; ele já traz desde seu nascimento essa missão.

c) o sacerdote de Umbanda invariavelmente é escolhido pela espiritualidade.

d) só consegue dirigir uma tenda quem traz essa missão, pois essa também é dos guias espirituais.

e) mesmo não se sentindo preparado para tão digno trabalho, no entanto, a maioria crê nos seus guias e leva adiante sua incumbência.

f) mesmo não sabendo muito sobre como dirigir uma tenda, os guias suprem essa nossa deficiência e vão nos ensinando coisas muito práticas que, com o passar dos anos, se tornam um riquíssimo aprendizado.

g) todos gostariam de se preparar melhor para o exercício sacerdotal, ainda que já sejam ótimos dirigentes espirituais.

h) todos leem muito sobre a Umbanda e procuram nas leituras informações que os auxiliem no seu sacerdócio.

i) muitos fazem vários cursos holísticos para expandirem seus horizontes e a compreensão do que lhe foi reservado pela espiritualidade.

j) todos gostariam de ter alguém (uma escola, uma federação, uma pessoa) que pudesse responder certas dúvidas que vão surgindo no decorrer do exercício da sua missão.

Bem, o que deduzi é que ninguém faz um dirigente espiritual, porque só o é ou só o será quem receber essa missão dos seus guias espirituais.

Mas, se assim é na Umbanda, no entanto o exercício do sacerdócio pode ser organizado, graduado e direcionado por uma "escola", e isso facilita muito porque traz confiança e orientações fundamentais ao dirigente espiritual.

Devíamos ter na Umbanda mais escolas preparatórias tradicionais que auxiliassem as pessoas que trazem essa missão, tornando mais fácil as coisas para elas.

E, lamentavelmente, além de só termos alguns cursos voltados para esse campo, ainda assim quem ousou montá-los é injustamente acusado de charlatão, embusteiro, aproveitador e outros termos pejorativos.

Eu mesmo, só porque montei um "colégio" sob orientação espiritual e só porque psicografei algumas dezenas de livros de Umbanda (muitos ainda não publicados), já sofri todo tipo de discriminação, de calúnia, de ofensas e de acusações que espero que cessem, pois os umbandistas acabarão por entender que todas as religiões têm escolas preparatórias dos seus sacerdotes.

Só assim, com todos aprendendo as mesmas diretrizes e doutrina umbandista, a nossa religião conseguirá organizar-se e expurgar do seu meio os espertalhões que têm feito coisas condenáveis e cujos atos têm refletido negativamente sobre o trabalho sério de todos os verdadeiros umbandistas.

Este texto faz parte do livro Tratado Geral de Umbanda, *Rubens Saraceni, Madras Editora.*

Sacerdócio Umbandista – Verdades e Confusões

Por Rubens Saraceni

Amigos umbandistas, saudações fraternas!

Observando de forma neutra e isenta um dos mais polêmicos assuntos internos da nossa religião, senti-me no dever de escrever sobre o exercício do sacerdócio umbandista e dúvidas que aparecem e desaparecem periodicamente nas discussões em "fóruns" de Umbanda. Coloco aqui o que considero como verdades, mentiras e confusões.

Vamos às verdades:

1º - É verdadeiro o fato de que acontece na vida de médiuns umbandistas, alguns já com muitos anos de prática e outros ainda com poucos anos de prática, um chamamento dos seus guias espirituais para que se afastem do Centro de Umbanda que frequenta e que comece, onde lhe for possível, um trabalho individual e só seu, abrindo o seu próprio centro.

2º - É verdadeiro o fato de que uma boa parte dos médiuns que recebem esse chamamento já foram bem preparados; estão com suas obrigações em dia para iniciarem suas missões como sacerdotes.

3º - É verdadeiro o fato de que muitos dos que recebem o chamamento não só não estão com suas obrigações em dia, como não se sentem seguros para assumirem tão grande responsabilidade e adiam o mais que podem o chamamento.

4º - É verdadeiro o fato de que todos os médiuns que recebem o chamamento começam a buscar informações de várias fontes sobre como colocar em prática um pedido legítimo dos seus guias, pois mesmo que o médium não se sinta preparado para o exercício do sacerdócio umbandista, no entanto eles têm o preparo e o poder de "abrirem" um centro e os trabalhos que nele se realizarão.

5º - É verdadeiro o fato de que só consegue abrir e sustentar aberto um centro de Umbanda o médium cujos guias têm essa missão junto com ele e que ele, o médium, prepare-se, ou seja, esteja preparado para exercer seu sacerdócio.

6º - É verdadeiro o fato de que só prosperam com o tempo os centros cujos médiuns dirigentes tanto receberam quanto buscaram orientações com os "mais velhos" ou com quem, "não tão velho" na religião, mas com um bom preparo, dignou-se a orientá-lo em seu início de tão nobre função religiosa.

7º - É verdadeiro o fato de que existem várias interpretações sobre o "universo religioso" umbandista e existem diversas formas de se fazer obrigações, firmezas, assentamentos, oferendas, iniciações, batizados, casamentos, funerais, etc.

8º - É verdadeiro o fato de que existem varias Federações, Associações, Ordens e Entidades umbandistas que, paralelo ao serviço organizacional que prestam, também ministram cursos específicos sobre assuntos de interesse dos médiuns e dirigentes umbandistas, sendo que alguns desses cursos realizam-se em um só dia; outros duram algumas semanas; outros duram alguns meses e outros duram alguns anos.

9º - É verdadeiro o fato de que cada entidade (federações, associações, colégios, escolas, ordens iniciáticas, etc.) têm sua própria nomenclatura para nomear o sacerdote umbandista, sendo que uma o nomeia como "Cacique"; outra como "Comandante", outra como "Babalorixá" ou "Ialorixá"; outra como "Dirigente Espiritual"; outra como "Zelador ou Zeladora de Santo"; outra como "Mestre"; outra como "Pai ou Mãe no Santo"; outra como "Padrinho ou Madrinha", etc.

10º - É verdadeiro o fato de que uma boa parte dos novos dirigentes umbandistas começa sua missão sob a orientação de um "mais velho" ou uma "entidade umbandista" e mais adiante troca-a por outro(a) "mais velho" ou outra entidade umbandista que lhe parece mais em acordo com suas necessidades.

Até aqui só citei dez fatos verdadeiros que tenho observado sobre o "sacerdócio umbandista".

Mas, caso alguém ache que estou enganado, por favor, e sem receio algum, desmintam-me ou esclareçam-me sobre o que lhes parece engano meu.

Comentários sobre essas Dez Verdades

1ª Verdade:
- De fato, quando o chamamento chega a um médium, ou ele começa a sua missão ou sua vida começa a sofrer complicações inexplicáveis que, mais dias menos dias, acabam afastando-o do Centro que frequenta ou obrigam-no a afastar dele.
- Além do mais, só uma minoria recebe, de fato, todo o apoio do seu pai o de sua mãe espiritual na realização de sua missão sacerdotal.

2ª Verdade:
- Cada Centro de Umbanda tem sua forma de preparar seus médiuns através de amacis, obrigações, firmezas de Orixás e de Guias espirituais.
- Todos procedem dentro de um modelo preparatório geral, sendo que as particularidades provêm da própria linha de forças espirituais de cada dirigente.
- Só que essa preparação é feita lentamente e em alguns casos o médium afasta-se e ainda não fez todas as suas obrigações e iniciações e não sente apto ou habilitado a fazê-las pelos novos médiuns que dele se aproximam e solicitam-lhe que os auxilie.

3ª Verdade:
- Há inúmeros casos de médiuns com a missão sacerdotal que (não importa o porquê) não se adaptam a nenhum Centro e passam por vários antes de ouvir o chamamento. E, quando este chega, sentem-se inseguros, confusos e temerosos de assumirem uma missão para a qual não tiveram tempo de se preparar ou não se preparou ou não foi preparado adequadamente do início ao fim na linha de procedimentos de um Centro à qual reproduziria no geral e lhe enxertaria as particularidades da sua linha de forças espirituais e daí em diante a retransmitiria aos seus filhos espirituais.

4ª Verdade:
- É um fato que o médium, tenha ele muitos ou poucos anos de prática mediúnica, quando lhe chega o chamamento, sente-se inseguro

e sente a necessidade de que alguém mais experiente o oriente sobre o que fazer e como fazer o que terá de fazer, ainda que seus guias sejam "fontes" e muito bem preparados para darem sustentação ao novo Centro de Umbanda.

5ª Verdade:

• Só se abre e sustenta um Centro de Umbanda quem tem a missão de abrir um e quem está preparado para realizá-la, pois se não estiverem não adianta ter "Guias fortes", porque só será um "médium forte" e não será um sacerdote bem preparado e apto a preparar corretamente seus filhos espirituais.

6ª Verdade:

• É uma verdade inquestionável que só pode dar algo quem recebeu, que só pode dar algo quem recebeu esse algo de alguém, pois quem nada recebeu nada tem para dar ou dará o que achar que deve ser dado, e não o que é preciso ser dado. No caso, refiro-me ao preparo e às orientações.

7ª Verdade:

• Verdadeira verdade essa, não?

• A Umbanda é uma religião, mas sua interpretação muda em um amplo espectro formador dela, que vai desde uma origem espírita-cristã até uma origem africana miscigenada à pajelança indígena.

• Mas essa pluralidade interpretativa não deve confundir ninguém porque, lamentavelmente, confundem a religião Umbanda com as linhas de forças espirituais dos seus intérpretes. Fato esse que levam muitos a crer que existem várias Umbandas.

8ª Verdade:

• As federações e entidades representativas da Umbanda realizam há várias décadas um indispensável trabalho organizador dos muitos templos umbandistas, sendo que cada uma delas foi criada por grupos de dirigentes umbandistas, todos eles(as) com vastíssimo trabalho já realizado em prol da Umbanda.

• Lendo o histórico dos seus fundadores, vemos a história da Umbanda, sendo que cada um deles foi ou ainda é uma pessoa carismática e grande arregimentador de seguidores, aos quais dão orientações sobre como organizar e fazer funcionar seus Centros.

• E todas as que conheço respondem às necessidades dos seus associados e dos umbandistas em geral promovendo *workshops*, palestras, cursos de curta duração sobre batismo, casamento, funeral, oferendas, etc., que são assistidos e colocados em prática pelos seus frequentadores.

• Algumas entidades umbandistas promovem cursos de longa duração sobre a teologia, a doutrina, os rituais, a preparação sacerdotal, as iniciações, etc., que duram de um a três anos (em média), para seus associados e quem mais quiser fazê-los, desde que sejam umbandistas, trabalho esse que considero imprescindível para a vitalidade e fluidez do conhecimento umbandista.

9ª Verdade:

• Cada federação e entidade umbandista, devido à linha de forças espirituais dos seus dirigentes, têm sua nomenclatura para as várias etapas da vida dos médiuns, sendo que existem vários nomes para as mesmas etapas ou graus adquiridos.

• Isso é comum à Umbanda e não deve surpreender ninguém, pois, mesmo que a nomenclatura seja muito bem elaborada por algumas, todas estão dizendo a mesma coisa que, resumidamente, é esta:

• Médium iniciante ou em desenvolvimento.
• Médium auxiliar dos guias e médiuns de trabalho.
• Médium de trabalhos espirituais ou já desenvolvidos.
• Médium dirigente auxiliar (Pai ou Mãe pequeno).
• Médium dirigente de Centro de Umbanda.

10ª Verdade:

• A "mudança" dentro da Umbanda é muito grande devido à própria natureza da religião, formada a partir de "correntes espirituais".

• Se por um lado parece ruim, por outro lado tem servido para uma renovação da vida espiritual e do trabalho mediúnico desenvolvido pelos umbandistas.

Texto publicado no Jornal de Umbanda Sagrada *– Edição 114 – Ano 10.*

Sacerdote/Sacerdotisa Legalmente Constituídos – Como Fazer?

Por Prof. Dr. Hédio Silva Jr.

A Organização das Nações Unidas (ONU) prevê que toda confissão religiosa tem o direito de selecionar, eleger e nomear seus sacerdotes de acordo com seus dogmas e tradições.

Na Constituição Federal encontramos duas regras importantíssimas:

1. É livre a organização religiosa, a liturgia, o culto e a crença;

2. É livre o exercício de qualquer ofício, trabalho ou profissão, havendo casos em que a lei exige certos requisitos.

Qual a diferença entre Ofício, Trabalho e Profissão?

• Ofício é uma ocupação permanente (intelectual ou manual) que geralmente não exige formação técnica ou escolaridade. O conhecimento em que se baseia o ofício pode ser específico de um determinado grupo ou segmento. Por vezes ele resulta de um dom, um pendor natural; por isso a lei não estabelece nenhuma exigência para o seu exercício;

• Profissão indica uma atividade ou ocupação técnica, exigindo, em muitos casos, escolaridade, treinamento e habilitação técnica;

• Trabalho é todo esforço físico ou mental (intelectual) remunerado, dirigido a uma finalidade econômica.

Vemos assim que sacerdócio não é profissão, tampouco trabalho.

Não é profissão porque em muitos casos tem muito mais a ver com dons naturais do que com técnicas.

Não é trabalho primeiro porque não se dirige a uma finalidade econômica – e sim espiritual; segundo porque não pode ser remunerado: sacerdote não recebe salário, não é empregado. Mas pode ter sua subsistência mantida pela organização religiosa.

Há vários casos em que pastores e padres foram ao Poder Judiciário reivindicar vínculo de emprego com igrejas: em todos eles os tribunais concluíram que o ministério religioso é ofício e não trabalho ou profissão.

Isso quer dizer que a organização religiosa pode e deve garantir o sustento do sacerdote/sacerdotisa – o que é diferente de remuneração, de salário.

Há um outro aspecto que merece atenção: para tornar-se advogado, além de concluir a faculdade de Direito, o indivíduo precisa ser aprovado em um exame organizado pela OAB – Ordem dos Advogados do Brasil.

Seria possível a exigência de um exame de seleção para que alguém seja considerado Sacerdote ou Sacerdotisa de qualquer religião?

A resposta é não, definitivamente não! Cada Religião tem o direito de decidir sobre a escolha, preparação e indicação dos seus sacerdotes. A Constituição brasileira proíbe o Estado de impor qualquer exigência, inclusive escolaridade, para que alguém seja considerado Ministro Religioso.

O Brasil não possui religião oficial (estado laico), de modo que todas as religiões são iguais perante a lei. Do ponto de vista jurídico, um rabino é ministro religioso tanto quanto um sheik, uma iyalorixá, um dirigente umbandista, um pastor ou um padre.

Como fazer, então, para que alguém seja considerado legalmente Ministro Religioso (termo utilizado pela legislação)?

A resposta está na *"Declaração para a Eliminação de Todas as Formas de Intolerância e de Discriminação Baseada em Religião ou Crença"*, adotada pela ONU em 1982.

O art. 6º dessa norma internacional determina que toda religião tem o direito de *"treinar, apontar, eleger ou designar por sucessão líderes apropriados de acordo com as exigências e padrões de cada religião ou crença"*.

Na prática, isso significa que:

• O estatuto da organização religiosa deve prever que aquela comunidade, além dos dirigentes civis (presidente, tesoureiro, etc.), possui um(a) dirigente espiritual, que a lei chama de autoridade ou ministro religioso;

• A indicação, nomeação ou eleição do(a) Ministro(a) Religioso(a) deve constar em ata, do mesmo modo como se faz com os dirigentes civis.

Não importa a forma pela qual cada comunidade indica o(a) Ministro(a) Religioso(a). O importante é que seja feita uma ata da nomeação/indicação e posse.

Uma vez que estatuto e ata estejam registrados em cartório, aquele(a) dirigente espiritual passa a ser considerado legalmente Ministro Religioso. E mais: nenhuma pessoa, seja funcionário público, juiz, prefeito, governador ou presidente da República poderá dizer que aquela pessoa não é um Ministro(a) Religioso(a). Caso isso acontecesse, estaríamos diante de um crime, a discriminação religiosa, com pena de prisão que varia de três a cinco anos.

Essa é mais uma razão para que os Sacerdotes e Sacerdotisas se preocupem com a parte legal, a regularização dos templos e do próprio sacerdócio.

A reflexão que deixo para os(as) leitores(as) é a seguinte: aprendi logo cedo, nas Minas Gerais, que quanto maior a liberdade maior deve ser a responsabilidade. Como é grande a liberdade de crença em nosso país, igualmente grande deve ser a seriedade, integridade e responsabilidade dos nossos sacerdotes/sacerdotisas, não?

contatos: hedsilva@uol.com.br
Texto publicado no Jornal de Umbanda Sagrada *– Edição 106 – Ano 9*

Cursos Sobre Umbanda: Válidos ou Não?

Por Prof. Dr. Hédio Silva Jr.

A Organização das Nações Unidas (ONU) estabelece que todas as religiões têm o direito de criar escolas confessionais, institutos teológicos e de ensinar uma crença ou religião em locais apropriados.

Trata-se de direito garantido também pela Constituição brasileira e leis ordinárias.

Isso significa que uma organização religiosa, isto é, um templo com estatuto e ata registrados pode criar e manter creche, pré-escola, instituição de educação básica ou uma faculdade. Faculdade em sentido amplo, podendo abranger cursos de direito, medicina, matemática ou teologia.

A exigência estabelecida pelo Ministério da Educação (MEC), que deve ser obedecida por toda e qualquer faculdade, tem a ver com a qualificação dos professores: exige-se certo número de doutores, mestres e especialistas para a instalação de determinado curso de nível superior.

Doutores aqui tem sentido muito específico: são aquelas pessoas que concluíram a faculdade e continuaram estudando, fazendo cursos de pós-graduação, especialização, mestrado e obtendo um dos graus mais elevados, que é justamente o doutorado.

Do ponto de vista da formação para o sacerdócio, a liberdade de crença quer dizer que todo indivíduo tem ampla liberdade para escolher o tipo de curso que lhe seja mais conveniente. Tenha ele duração de quatro anos, quatro meses ou quatro horas; seja ministrado por uma faculdade ou por um sacerdote/sacerdotisa reconhecido pela comunidade.

Não há dúvida de que nossos sacerdotes e sacerdotisas devem ter compromisso permanente com sua qualificação profissional e preparo para o sacerdócio. Devemos sim incentivar nossa comunidade a investir em sua formação profissional, estimulando-a inclusive a ingressar em um curso de nível superior.

Mas é bom lembrar que na Umbanda a maioria dos dirigentes não sobrevive da atividade religiosa, sendo muitos os que têm diploma de nível superior em diferentes áreas. Conheço pessoalmente jornalistas, professores, funcionários públicos, advogados, sociólogos, psicólogos, delegados de polícia que não estudaram teologia e são excelentes sacerdotes.

Portanto, quando falamos em cursos, formação, preparação, treinamento, precisamos separar duas situações distintas: a formação profissional e a formação para o sacerdócio.

A formação profissional obviamente é livre e insisto em afirmar que devemos encorajar o Povo de Santo a ir para a faculdade, frequentar um curso de nível superior e disputar o mercado de trabalho em melhores condições. A educação ainda é o principal instrumento de inclusão social que os pobres, a comunidade negra e o Povo de Santo pode e deve utilizar, inclusive para enfrentar a intolerância religiosa.

Já a formação para o sacerdócio deve ser de livre escolha de cada pessoa, e a Umbanda possui sacerdotes e sacerdotisas que há décadas se dedicam a escrever, publicar artigos, livros, ministrar cursos e preparar novos sacerdotes.

Lembro-me bem de uma das experiências mais marcantes que vivi nos últimos anos: em 2008 fui à solenidade de diplomação do Curso de Babalaô (sacerdócio), coordenado pelo Pai Ronaldo Linares, um dos mais importantes e respeitados ícones da Umbanda e das religiões afro-brasileiras como um todo.

Milhares de pessoas prestigiaram o evento, como acontece todo ano, e o brilho nos olhos dos formandos era o mesmo que vejo nos olhos dos meus alunos quando concluem a Faculdade de Direito.

Com ou sem o selo do MEC, o Curso de Babalaô é reconhecido, credenciado, respeitado e aclamado pelo Povo de Santo.

Aliás, em se tratando de ensino de religião, o ideal mesmo é que o Estado não se intrometa, cabendo à sociedade e aos fiéis selecionarem e escolherem o curso tendo em conta unicamente a seriedade, competência e reconhecimento dos responsáveis.

São muito bem-vindas as faculdades de teologia, desde que não desprezemos o acúmulo de conhecimento, a sabedoria, o desprendimento e a coragem daqueles desbravadores que, como o Pai Ronaldo Linares, abriram cursos quando muita gente sequer tinha coragem de assumir publicamente a religião.

Religião não pode ser resumida a diploma: religião é fé, dedicação, abnegação, conhecimento, caridade, humanismo, respeito ao próximo, respeito à diversidade e coragem para enfrentar a intolerância religiosa.

Religião não é técnica: é sentimento, vivência. Façamos de cada curso, cada cerimônia, cada templo uma escola que ensine a sociedade brasileira a conhecer a dignidade, a história de resistência e a grandiosidade da Umbanda e do Candomblé.

Fonte: Jornal de Umbanda Sagrada – *Edição 108 – Ano 9*

Legalização dos Templos de Umbanda

Por que legalizar meu Terreiro?

Inúmeros sacerdotes certamente já fizeram essa pergunta; minha proposta neste singelo texto é apenas contar um pouco dessa experiência. Para começarmos a responder a essa pergunta, faço a vocês, meus irmãos, outra pergunta: por que registramos nossos filhos? Porque segundo o artigo 9º do Código Civil somos obrigados por lei.

Da mesma forma, quando fundamos um Templo Religioso, por que deveríamos registrar? Esse foi um direito conquistado a duras penas por nossa religião, que chegou a ser considerada uma prática criminal.

Diante disso, não exercermos esse direito; em um primeiro momento, faz com que a luta de nossos antepassados tenha sido em vão. Em seguida, faz com que nossa religião não seja reconhecida legalmente, com sua pujança e magnitude. Por quê? Simples, como você prova que seu Templo tem dez anos, se ele nunca nasceu formalmente? Isso destrói nossa história e deixa frágil nosso número.

Temos orgulho em dizer que nosso Templo foi fundado em tal data, muitas vezes ostentando isso por meio de um alvará religioso. Que validade isso tem? Nenhuma; ele é o reconhecimento de que você faz parte de um grupo maior, mas, **juridicamente, você ainda não existe**.

Hoje a legalização é algo simples, rápido e de baixo custo, com exceção do registro no cartório, onde você terá um pequeno custo. O CNPJ, a Inscrição Municipal e o Alvará de Funcionamento são totalmente gratuitos. Diante disso, temos de fortalecer nossos alicerces, documentando ou simplesmente se fazendo existir. Além disso, é importante salientar que o Templo é imune de impostos, não tendo dessa forma nenhum custo tributário para sua manutenção.

Por uma mudança legal, os cartórios passaram a exigir, a partir de 2013, que o número do CNPJ constasse na ATA que elege a nova Diretoria Administrativa.

Como todos os Templos que possuem Estatuto devem realizar suas eleições para a Diretoria Administrativa entre dois a quatro anos, com algumas exceções, as Federações e Associações Umbandistas que fazem esse acompanhamento começaram a não conseguir mais registrar essas ATAS.

Diante desse impasse, inicialmente em uma parceria com a **Federação Umbandista do Grande ABC,**[1] começamos a prestar esse serviço de forma gratuita para todos os Templos que se encontram nessa situação. Fizemos regularizações de Templos que foram fundados nas décadas de 1970, 1980, 1990 e 2000, e que até a presente data não possuíam sua inscrição no CNPJ.

Regularizamos até hoje cerca de 150 Templos nessa parceria, estendendo para aqueles que tenham interesse em dar andamento ao seu **Alvará de Funcionamento**. Mas também sofremos alguns dissabores, como, por exemplo, um Templo que retirou o documento para assinar em 2013 e até hoje não conseguiu assinar e reconhecer firma da assinatura do presidente, ficando irregular desde então, porque não houve registro da eleição da nova diretoria.

Nesse ínterim, iniciamos também uma parceria com a **AUEESP – Associação Umbandista e Espiritualista do Estado de São Paulo,**[2] a qual orienta seus associados para dar andamento desde o registro do Estatuto Social até o Alvará de Funcionamento.

Outras questões também chamam nossa atenção, como alguns problemas terminológicos que devemos começar a mudar. Vou dar um exemplo: quem vai até uma "Gira de Umbanda" semanalmente e toma um passe ou passa por uma consulta nós chamamos de consulente,

---
1 Presidida por Pai Ronaldo Linares.
2 Fundada por Rubens Saraceni e presidida por Sandra Santos.

sendo que deveríamos chamar de umbandista. **O católico que não vai ao Templo é não praticante, e o umbandista que frequenta ininterruptamente é consulente?**

Para ficar bem claro, vamos colocar a seguir algumas dúvidas frequentes e comuns sobre a legalização dos Templos:

É considerada organização religiosa: espécie do gênero pessoa jurídica de direito privado, conforme alteração do art. 44 do Código Civil levada a efeito pela Lei 10.825, de 22 de dezembro de 2003.[3]

O que é uma organização religiosa?

A Lei 10.825/2003, que incluiu as organizações religiosas como espécie do gênero pessoa jurídica de direito privado, não conceituou o que seria uma organização religiosa. Porém, sua conceituação pode ser feita por exclusão das demais pessoas jurídicas, ou seja, não pode ter finalidade econômica (sociedade), não se constitui na destinação de bens a determinada atividade (fundação), sendo caracterizada pela união de pessoas que se organizam para fins religiosos, nada impedindo que haja a ocorrência de outras finalidades, tais como filantrópica, beneficente, cultural, científica, filosófica.[4]

Como nasce a personalidade jurídica da organização religiosa?

Por meio do registro de seu estatuto no cartório de registro civil de pessoas jurídicas da cidade onde se localize sua sede social.[5]

Quem administra o Templo?

O responsável pela administração do Templo é o presidente; este pode ou não ser o sacerdote. Essa confusão de papéis tem gerado muitos problemas administrativos. É de fundamental importância entender que nem o presidente nem o sacerdote são proprietários do Templo, portanto, deve ser respeitada a forma de exclusão de seus membros, sendo que no Estatuto Social há regras para a forma que isso deve ser feito.

Qual o limite de responsabilidade da Instituição perante os atos dos seus diretores?

---

3 Art. 44. São pessoas jurídicas de direito privado: I – as associações; II – as sociedades; III – as fundações; IV – as organizações religiosas; V – os partidos políticos.
4 Art. 44 (...) § 1º. São livres a criação, a organização, a estruturação interna e o funcionamento das organizações religiosas, sendo vedado ao poder público negar-lhes reconhecimento ou registro dos atos constitutivos e necessários ao seu funcionamento.
5 Art. 45. Começa a existência legal das pessoas jurídicas de direito privado com a inscrição do ato constitutivo no respectivo registro, precedida, quando necessário, de autorização ou aprovação do Poder Executivo, averbando-se no registro todas as alterações por que passar o ato constitutivo.

A instituição responde pelos atos de seus diretores e prepostos nos limites dos poderes a eles conferidos pelo estatuto da associação. É o estatuto que estabelece até que ponto os diretores podem praticar determinados atos sem autorização da assembleia geral, pois eles têm poderes para tal.[6]

Qual a diferença entre administradores, prepostos e representantes legais da instituição?

Segundo o entendimento do jurista Miguel Reale, supervisor da Comissão Revisora e Elaboradora do Código Civil, a palavra administradores é empregada no sentido de "dirigentes", qualquer que seja a expressão usada no estatuto social, como, por exemplo, a de diretores ou conselheiros (v. Miguel Reale em seu texto "As Associações no Novo Código Civil", que está disponível no site www.miguelreale.com.br).

Quanto ao termo "administrar", o referido autor cita Aurélio Buarque de Holanda, para quem, entre outras coisas, significa "gerir, governar, dirigir".

Prepostos são as pessoas que, independentemente de terem poderes oriundos do estatuto, para determinado ato ou negócio, em virtude de vínculo empregatício com a associação, estão investidos no poder de representação, para aquela específica atividade. São os empregados. Representantes legais, por sua vez, são as pessoas a quem são conferidos poderes para representar a instituição, seja por determinação do estatuto (o diretor representa) ou em contrato (advogado, despachante, mandatário).

Se, contudo, o diretor, preposto ou representante da Instituição executarem algum ato que ultrapasse a autorização a eles concedida pelo estatuto ou mandato, qual é a responsabilidade da Instituição?

Nenhuma responsabilidade terá a instituição nesse caso, desde que fique comprovado (o ônus da prova, em processo judicial, é da Instituição) que o diretor, preposto ou representante se excederam nos atos praticados, extrapolando a autorização que lhes foi concedida no estatuto, na procuração ou no trabalho designado.

Quando o diretor, o preposto ou o representante agirem além dos poderes que lhes forem concedidos, responderão eles pessoalmente por seus atos perante terceiros que sofrerem dano ou descumprimento de contrato.

---

[6] Art. 47. Obrigam a pessoa jurídica os atos dos administradores, exercidos nos limites de seus poderes definidos no ato constitutivo.

Quando o diretor, preposto ou representante da Instituição praticarem atos ou negócios jurídicos observando os limites dos poderes que o estatuto ou o mandato lhes conferiu, responderá a Instituição pelo cumprimento da obrigação ou por danos?

Sim. Se o diretor, preposto ou representante praticarem ato ou negócio jurídico observando os poderes conferidos no estatuto ou no mandato, os atos e os negócios são válidos e a Casa Espírita deverá cumprir o ato ou o contrato e, se causar dano, indenizar os prejuízos ocorridos. De acordo com o art. 47 do Código Civil, a Instituição responderá pelo pagamento ou indenização.

Há alguma hipótese na qual o patrimônio do diretor responderá pelos negócios ou danos que a Instituição realizar ou causar?

Sim, quando ocorrer a hipótese do art. 50 do Código Civil, ou seja, quando os bens da Instituição não forem suficientes para cumprir o contrato ou indenizar prejuízos que causar, e o diretor tiver agido em abuso da personalidade jurídica, causando desvio de finalidade ou confusão patrimonial. Nesse caso, a responsabilidade será estendida aos bens particulares dos administradores responsáveis da Instituição.

O que é desvio de finalidade?

É uma espécie de abuso de personalidade que ocorre quando as atividades praticadas pela Instituição se desviarem da finalidade proposta, relativa à sua natureza de instituição sem fins lucrativos. As finalidades, os objetivos constantes do estatuto devem abranger todas as atividades da instituição. Se houver prática de ato ou negócio que desvie de sua finalidade estatutária, o diretor, administrador ou representante responderão por ele ou pelo prejuízo que causar a outrem, com seu patrimônio particular, nos termos do art. 50 do Código Civil.

O que é confusão patrimonial?

É outro tipo do abuso de personalidade que acontece quando um ou mais associados, com evidente intenção de deixar de responder por negócios, compromissos ou obrigações assumidas pela Instituição transfere bens desta para outra instituição ou para si, objetivando deixar a organização sem patrimônio, para então não ter como responder por seus débitos ou prejuízos causados. Nesse caso, a confusão ou a mistura de patrimônios diante de débitos não pagos autoriza o juiz, com base no art. 50 do Código Civil, a determinar que o patrimônio particular dos administradores ou dos associados responda pela dívida ou pela indenização devida.[7]

As principais dificuldades que podemos relatar, até para que sirvam de alerta para nossos irmãos, são as seguintes:

1) a entidade não faz discriminação de raça, nacionalidade, idade, sexo, credo religioso, político e condição social;

Portanto, não podemos segmentar nem apoiar nenhum tipo de bandeira.

2) a diretoria e os órgãos deliberativos, administrativos e decisórios da Entidade não recebem qualquer tipo de remuneração pelo exercício de suas funções;

Temos de sempre deixar isso muito claro, não misturando cursos e outros serviços que utilizam apenas o mesmo espaço físico. Tudo que for prestado dentro do escopo do Templo não deve gerar remuneração.

3) não haverá distribuição de lucros, dividendos ou parcelas do patrimônio social da entidade;

No caso de superávit, o mesmo deve ser reinvestido no Templo.

4) possibilidade da reforma total ou parcial do estatuto social;
Para que serve o estatuto social?

Inúmeros são os conceitos de estatuto social de Entidade beneficente e de Entidade religiosa. Destaco: 1) carta de princípios que rege o funcionamento de uma associação ou fundação ou organização religiosa; 2) conjunto de regras que norteiam a vida e o funcionamento de uma associação, fundação ou organização religiosa. Na doutrina jurídica, são encontrados vários conceitos de estatuto social. Segundo Plácido e Silva, "em sentido amplo, entende-se a lei ou regulamento que se fixam os princípios institucionais ou orgânicos de uma coletividade ou corporação, pública ou particular". Segundo José Náufel, estatuto social "é o conjunto de normas fundamentais regentes de uma sociedade anônima, associação ou sociedade civil".

---

7 Art. 50. Em caso de abuso da personalidade jurídica, caracterizado pelo desvio de finalidade, ou pela confusão patrimonial, pode o juiz decidir, a requerimento da parte, ou do Ministério Público quando lhe couber intervir no processo, que os efeitos de certas e determinadas relações de obrigações sejam estendidos aos bens particulares dos administradores ou sócios da pessoa jurídica.

O estatuto social deve dar suporte legal à estruturação, organização, governo, administração e vida da associação, organização religiosa ou fundação. Assim, para cada tipo de entidade, haverá um protótipo estatutário. E, para cada tipo de estrutura organizativa, haverá um estatuto social adequado a essa realidade. No estatuto social devem constar os princípios norteadores da vida da instituição, ou seja, os pilares que asseguram e garantem a vida da entidade e sua continuidade pelos tempos. As peculiaridades da vida da instituição, seus detalhes e aspectos organizativos devem constar de diretório, regimento e/ou regulamento e de outras formas que o estatuto social determinar.

5) os membros associados não respondem sequer subsidiariamente pelos encargos e as obrigações da entidade;

Esse item tem de ser bem esclarecido, os membros não respondem por encargos e as obrigações da entidade, mas respondem diretamente pelos problemas ou promessas que vieram a causar, portanto, o zelo com a ética é condição de uma boa administração.

6) clareza e precisão quanto às pessoas e órgãos que representam as entidades ativas, passivas, judiciais e extrajudicialmente;

Quem fala em nome do Templo. Hoje, com os adventos das redes sociais, todos criam grupos de discussões e se manifestam utilizando o nome do Templo, isso é um verdadeiro absurdo, lembrando que essa manifestação está levando o peso de toda uma assembleia de pessoas.

7) clareza e precisão quanto aos órgãos de governo da entidade;

Esse é um alerta, pois encontramos uma forma de administração do Templo descrita no Estatuto Social e outra completamente diferente fazendo a administração nos dias de atendimento. Por que não unificar e fazer tudo certo?

8) clareza e precisão quanto aos órgãos de administração e fiscalização da entidade;

Cuidado com a criação de campanhas que se tornam órgãos e começam a ter vida própria.

9) clareza na definição dos órgãos de assessoramento da entidade;

É muito importante, se essa for a vontade de todos, que fique muito claro a qual Federação você faz parte, para que possa ser identificado como uma peça de algo maior.

10) local da sede e do foro judicial;

Onde fica seu Templo é um problema que temos encontrado com muita frequência: onde este foi fundado, muitas vezes na residência do sacerdote, e quando este foi para outro espaço e não fez a mudança de endereço.

11) duração da entidade;

Em tese, a maioria dos Templos tem duração por prazo indeterminado; portanto, não morre junto com seu presidente.

12) associados: forma de admissão, demissão e exclusão;
Como identifico que faço parte?

13) associados: direitos e deveres;
Quais são, onde está escrito?

14) da dissolução ou extinção e do destino de seu patrimônio social;

Para onde vai o patrimônio no caso de encerramento das atividades?

15) eleição, posse e mandato da diretoria e dos outros órgãos eletivos;

Eu diria que esse é o ponto mais delicado a ser discutido. As eleições são um direito e devem envolver preferencialmente a todos, pois, fortalecendo os Templos administrativamente, iremos fortalecer nossa religião.

16) dos recursos econômicos e financeiros da entidade;
De onde virão os recursos para o Templo existir?

17) do balanço patrimonial e demonstrações contábeis;
Eu presto contas do uso desse recurso?

18) dispor que a entidade presta serviços gratuitos;
Isso deve ser exaustivamente esclarecido, detalhando o que é serviço gratuito e o que são utilizações do espaço para outros serviços.

19) Meu Templo não é uma empresa.

Sim, seu Templo é uma empresa e como tal deve ser cuidado. Não confunda a sua função de presidente com o seu ofício de sacerdote. O Templo é uma empresa sem finalidade lucrativa, mas sem recursos financeiros será impossível a execução de seus objetivos.

Esse breve histórico relata a dificuldade e a persistência para que consigamos tornar nossos Templos regulares e legalmente constituídos, pois somente dessa forma poderemos realmente discutir de forma legal e representativa outros direitos, pois como cobrar se não fazemos nossa parte?

Nota: Este texto faz parte do **"Curso de Administração de Templos"** ministrado por Alexandre Takayama no **Colégio de Umbanda Sagrada Pena Branca** (www.colegiopenabranca.com.br).

Alexandre Vancin Takayama
Advogado e contador, responsável pela empresa Mentor Consultores. Tem prestado um excelente serviço de apoio à **FUGABC** e à **AUEESP** para a legalização dos Templos de Umbanda federados e associados, bem como auxiliou e auxilia de forma direta e independente vários outros Templos de Umbanda. Takayama é também médium de Umbanda atuante e sacerdote responsável pelo Templo Fases da Lua.

MADRAS® Editora

Para mais informações sobre a Madras Editora, sua história no mercado editorial e seu catálogo de títulos publicados:

Entre e cadastre-se no site:

www.madras.com.br

Para mensagens, parcerias, sugestões e dúvidas, mande-nos um e-mail:

marketing@madras.com.br

SAIBA MAIS

Saiba mais sobre nossos lançamentos, autores e eventos seguindo-nos no facebook e twitter:

@madrased

/madraseditora